अरुंधति रॉय

भूमकाल : कॉमरेडों के साथ

अनुवाद

नीलाभ

राजकमल पेपरबैक्स

मूलकृति : *Walking with the Comrades* से अनुदित

राजकमल पेपरबैक्स में
पहला संस्करण : 2012
चौथा संस्करण : 2023

राजकमल पेपरबैक्स : उत्कृष्ट साहित्य के जनसुलभ संस्करण

राजकमल प्रकाशन प्रा. लि.
1-बी, नेताजी सुभाष मार्ग
नई दिल्ली-110 002
द्वारा प्रकाशित

शाखाएँ : अशोक राजपथ, साइंस कॉलेज के सामने, पटना-800 006
पहली मंजिल, दरबारी बिल्डिंग, महात्मा गांधी मार्ग, प्रयागराज-211 001

वेबसाइट : www.rajkamalprakashan.com
ई-मेल : info@rajkamalprakashan.com

यश प्रिंटोग्राफिक्स
नोएडा-201 301 (उत्तर प्रदेश)
द्वारा मुद्रित

मूल्य : ₹250

अन्दर के चित्र : संजय काक व अरुंधति रॉय

BHOOMKAL : COMREDON KE SAATH
by Arundhati Roy
Translated by Neelabh

ISBN : 978-81-267-2247-1

घंटे की सुई को पहुँचने दो सही पल में
अपनी समय-सूची तक
और लोगों को भर देने दो खाली सड़कें
ताजा और अचल दिशाओं से।

यह रही मेरी पेशकश उस समय की खातिर
तुम जान जाओगे उसे, मेरा और कोई झंडा नहीं है।

–पाब्लो नेरुदा–*विक्टोरियस पीपुल*

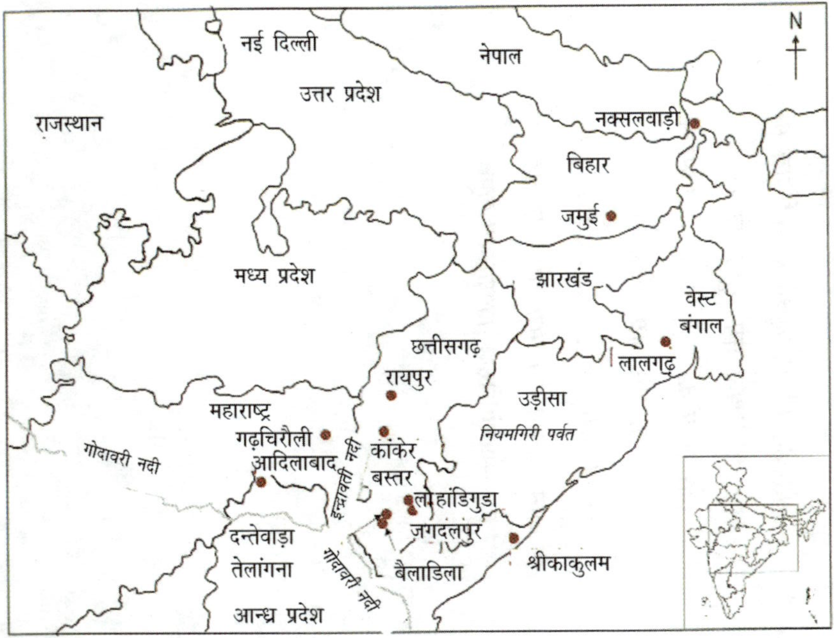

Map not to scale

भूमकाल : कॉमरेडों के साथ

मेरे दरवाज़े के नीचे सीलबन्द लिफ़ाफ़े में उस संक्षिप्त-से टंकित पुर्ज़े ने 'हिन्दुस्तान की आन्तरिक सुरक्षा के लिए अकेले सबसे बड़े ख़तरे' के साथ मेरी मुलाक़ात की पुष्टि कर दी। मैं महीनों से उनके सन्देश का इन्तज़ार कर रही थी।

मुझे दो तयशुदा दिनों पर, पहले से निश्चित चार समयों पर दन्तेवाड़ा, छत्तीसगढ़ में माँ दन्तेश्वरी के मन्दिर पर मौजूद रहना था। यह बन्दोबस्त बुरे मौसम, पंचरों, चक्का-जामों, परिवहन हड़तालों और निपट दुर्भाग्य की गुंजाइश रखने के लिए किया गया था। पुर्ज़े में टंकित था : 'लेखक के पास कैमरा, टीका और नारियल होना चाहिए। मुलाक़ाती के पास टोपी, हिन्दी 'आउटलुक' पत्रिका और केले होंगे। संकेत शब्द : नमस्कार गुरु जी।'

नमस्कार गुरु जी। मैंने हैरत से सोचा कि क्या मुलाक़ाती और स्वागतकर्ता किसी पुरुष की उम्मीद रखते होंगे। और क्या मुझे अपने लिए एक मूँछ का जुगाड़ कर लेना चाहिए।

■

दन्तेवाड़ा का वर्णन करने के कई तरीक़े हैं। वह विरोधाभास नामक अलंकार है। वह भारत के ठीक बीचों-बीच एक सीमावर्ती

क़स्बा है। वह एक युद्ध का ऊपरी केन्द्र है। वह एक सिर के बल, अन्दर का बाहर क़स्बा है।

दन्तेवाड़ा में पुलिस सादी वर्दी पहनती है और विद्रोही वर्दियाँ पहनते हैं। कारागार अधीक्षक कारागार में है। क़ैदी आज़ाद हैं (तीन सौ क़ैदी क़स्बे की पुरानी जेल से दो साल पहले भाग निकले थे।) औरतें, जिनके साथ बलात्कार हुआ, पुलिस हिरासत में हैं। बलात्कारी बाज़ार में भाषण देते हैं।

इन्द्रावती नदी के पार, माओवादियों द्वारा नियंत्रित इलाक़े में, वह जगह है, जिसे पुलिस 'पाकिस्तान' कहती है। वहाँ गाँवों में सन्नाटा है, लेकिन जंगलों में लोगों की भीड़। जिन बच्चों को स्कूल में होना चाहिए था, बेलगाम दौड़ते-फिरते हैं। वन प्रान्तर के सुन्दर गाँवों में कंक्रीट-निर्मित स्कूली इमारतें या तो उड़ा दी गयी हैं और मलबे का ढेर हैं या फिर पुलिस के सिपाहियों से भरी हैं। जंगल में जो सिर-धड़ की लड़ाई शुरू हो रही है, वह ऐसी जंग है जिसे ले कर भारत सरकार गर्व और शर्म, दोनों महसूस करती है। ऑपरेशन ग्रीनहण्ट का ऐलान भी किया गया है और इससे इनकार भी। भारत के गृहमंत्री (और युद्ध के प्रमुख कार्याधिकारी) पी. चिदम्बरम का कहना है कि उसका कोई वजूद नहीं है, वह मीडियाजनित है। तिस पर भी भारी राशि उसे आवंटित की गयी है और उस जंग के लिए दसियों हज़ार फ़ौजी तैनात किये जा रहे हैं। हालाँकि युद्ध-क्षेत्र मध्य भारत के जंगल हैं, इस युद्ध के हम सबके लिए गम्भीर परिणाम होंगे।

अगर प्रेत किसी व्यक्ति के पीछे रह गयी मँडराती आत्माएँ

होते हैं या किसी ऐसी चीज़ की जिसका अब कोई अस्तित्व नहीं रह गया है, तो शायद जंगल को चीरता-फोड़ता बढ़ा जाता, चार पथों वाला नया राजमार्ग प्रेत का विलोम है। शायद वह उस सबका हरकारा है, सँदेसिया है, जो आने वाला है।

जंगल में एक-दूसरे के प्रतिद्वन्द्वी लगभग हर लिहाज़ से परस्पर भिन्न और असमान हैं। एक तरफ़ है उभरती हुई महाशक्ति के पैसे, असलहों, समाचार-तंत्र और अहम्मन्यता से लैस भारी अर्द्ध-सैनिक बल। दूसरी ओर परम्परागत हथियारों से लैस गाँव के आम निवासी, और उनके पीछे हथियारबन्द विद्रोह के असाधारण और हिंसक इतिहास वाला अत्यन्त सुसंगठित, दुर्दान्त प्रेरणा से भरा हुआ, माओवादी छापामार लड़ाकू बल। माओवादी और अर्द्ध-सैनिक पुराने प्रतिद्वन्द्वी हैं और कई बार पहले भी एक-दूसरे के पुराने अवतारों से दो-दो हाथ कर चुके हैं 1950 के दशक में तेलंगाना में, 1960 के दशक के अन्त और 1970 के दशक में पश्चिम बंगाल, बिहार, श्रीकाकुलम (आन्ध्र प्रदेश) में और फिर 1980 के दशक से ठीक मौजूदा वक़्त तक। वे एक-दूसरे की रणनीतियों से परिचित हैं और उन्होंने एक-दूसरे की लड़ाई की नियमावलियों का अध्ययन बहुत ध्यान से किया है। हर बार यह लगता था कि माओवादी (या उनके पिछले अवतार) न सिर्फ़ पराजित हुए, बल्कि अक्षरशः भौतिक रूप से उनका सफ़ाया हो गया। हर बार वे पुनर्जीवित हुए हैं, पहले से ज़्यादा संगठित, पहले से ज़्यादा संकल्पबद्ध और पहले से कहीं अधिक प्रभावशाली। आज एक बार फिर बग़ावत छत्तीसगढ़, झारखण्ड, उड़ीसा और

दण्डकारण्य, मध्य भारत, 2010

इन्द्रावती नदी के पार, माओवादियों द्वारा नियंत्रित इलाक़े में, वह जगह है, जिसे पुलिस 'पाकिस्तान' कहती है। वहाँ गाँवों में सन्नाटा है, लेकिन जंगलों में लोगों की भीड़। जिन बच्चों को स्कूल में होना चाहिए था, बेलगाम दौड़ते-फिरते हैं।

नींद में कॉमरेड

इस जगह में एक सादगी-भरी सुन्दरता है। हर चीज़ साफ़-सुथरी और ज़रूरत के हिसाब से है। कोई ठाँसा-ठूँसी नहीं। एक काली मुर्ग़ी मिट्टी की नीची दीवार पर आगे-पीछे क़वायद कर रही है। बाँस का एक मचान फूस की छत के बत्तों को सहारा देने के साथ-साथ सामान रखने के काम भी आता है। उस पर तिनकों का झाड़ू, दो ढोलकियाँ, सरपत की बुनी हुई टोकरी, एक टूटा हुआ छाता और पिचकाये गये ख़ाली गत्ते के डिब्बों की पूरी थाक है। मेरी आँख किसी चीज़ पर जा अटकती है। मुझे अपने चश्मे की ज़रूरत पड़ती है। गत्ते पर जो छपा है, वह यह है : आइडियल पावर 90 हाई एनर्जी इमलशन एक्सप्लोसिव (क्लास-2) एस.डी.सी.ए.टी. ज़ेड.ज़ेड.। आदर्श शक्ति युक्त 90 उच्च ऊर्जा तरल विस्फोटक (श्रेणी-2) एस.डी.सी.ए.टी.ज़ेड.ज़ेड.।

पश्चिम बंगाल के खनिज सम्पन्न जंगलों में फैल गयी है जो हिन्दुस्तान के लाखों आदिवासियों का बसेरा हैं, साथ ही कॉरपोरेट पूँजीवादी जगत के लिए सपनों का देश भी।

उदारवादियों के अन्तःकरण के लिए यह विश्वास करना सुविधाजनक है कि वन-प्रान्तर में चल रहा युद्ध भारत सरकार और माओवादियों के बीच लड़ाई है, जो चुनावों को पाखण्ड, संसद को सुअरबाड़ा कहते हैं और जिन्होंने खुल्लम-खुल्ला भारतीय राज-तंत्र के तख़्ता-पलट के अपने इरादे का ऐलान कर दिया है। यह भूलना भी सुविधाजनक है कि मध्य भारत की जन-जातियों का प्रतिरोध और बग़ावत का इतिहास माओ से सदियों पुराना है। (निश्चय ही यह स्वतः-सिद्ध है। अगर ऐसा न होता तो उनका वजूद भी न रहता।) हो, ओराँव, कोल, सन्थाल, मुण्डा और गोंड, सब-के-सब कई बार विद्रोह कर चुके हैं, अंग्रेज़ों के ख़िलाफ़, ज़मींदारों और साहूकारों के ख़िलाफ़। ये विद्रोह क्रूरता से कुचले गये, हज़ारों मौत के घाट उतारे गये, लेकिन लोगों पर कभी विजय हासिल नहीं हो पायी। आज़ादी के बाद भी आदिवासी लोग ही उस पहले विप्लव के केन्द्र में थे, जिसे माओवादी क़रार दिया जा सकता है पश्चिम बंगाल के नक्सलबाड़ी गाँव में (जहाँ से यह शब्द 'नक्सलवादी,' जो अब 'माओवादी' के पर्याय के रूप में इस्तेमाल होता है, निकला है।) तब से अब तक नक्सलवादी राजनीति के रेशे जन-जातियों के विद्रोह के साथ इस तरह गुँथे रहे हैं कि उन्हें अलग करना सम्भव नहीं है, जो बात जन-जातियों के बारे में उतना ही बताता है, जितना नक्सलवादियों के बारे में।

विद्रोह की इस विरासत का नतीजा एक ऐसा क्रुद्ध समुदाय है, जिसे भारत सरकार द्वारा जान-बूझ कर अलग-थलग किया गया और हाशिये पर फेंका गया है। भारतीय संविधान, जो भारतीय लोकतंत्र की आधार-शिला है, संसद द्वारा 1950 में लागू किया गया। यह जन-जातियों और वनवासियों के लिए एक दुख-भरा दिन था। संविधान ने उपनिवेशवादी नीति का अनुमोदन किया और राज्य को जन-जातियों की आवास-भूमि का संरक्षक बना दिया। रातों-रात उसने पूरी जन-जातीय आबादी को अपनी ही भूमि का अतिक्रमण करने वालों में तब्दील कर दिया। उसने उन्हें वनों से प्राप्त होने वाली उपज के पारम्परिक अधिकार से वंचित कर दिया और एक पूरी जीवन-शैली का अपराधीकरण कर दिया। मतदान के अधिकार के बदले में संविधान ने उनसे आजीविका और सम्मान के अधिकार छीन लिये।

उन्हें बेदख़ल करके दैन्य और दरिद्रता के भँवर में धकेलने के बाद सरकार एक क्रूरता-भरी हाथ की सफ़ाई से उनकी अपनी ग़ुरबत को उनके ख़िलाफ़ इस्तेमाल करने लगी। हर बार जब उसे भारी आबादी को विस्थापित करने की ज़रूरत होती बाँधों के लिए, सिंचाई परियोजनाओं और खदानों के लिए वह 'जन-जातियों को मुख्यधारा में लाने' या उन्हें 'आधुनिक विकास के फल प्रदान करने' की बात करती। देश के अन्दर ही विस्थापित लाखों-करोड़ों (सिर्फ़ बड़े बाँधों द्वारा ही तीस लाख से ज़्यादा) लोगों में, भारत की 'प्रगति' के इन शरणार्थियों में, अधिकतर आदिवासी और जन-जातीय समुदाय हैं। जब-जब सरकार जन-जातियों के कल्याण

की बात करना शुरू करती है, चिन्ता करने का समय आ जाता है।

चिन्ता और सरोकार की ताज़ातरीन अभिव्यक्ति गृहमंत्री पी. चिदम्बरम की ओर से आयी है, जिनका कहना है कि वे नहीं चाहते जन-जातियों के लोग 'अजायबघर वाली संस्कृतियों' में रहें। जन-जातियों के कल्याण की चिन्ता उनके लिए तब इतनी प्राथमिक नहीं थी, जब वे बड़े व्यापारिक निगमों के वकील थे और अनेक खनन कम्पनियों के हितों का प्रतिनिधित्व कर रहे थे। इसलिए उनकी इस नयी उद्विग्नता के आधार को परखना उचित होगा।

पिछले पाँचेक वर्षों के दौरान छत्तीसगढ़, झारखण्ड, उड़ीसा और पश्चिम बंगाल की सरकारों ने इस्पात कारख़ानों, कच्चे लोहे के कारख़ानों, बिजली-घरों, ऐल्यूमिनियम संशोधन संयंत्रों, बाँधों और खदानों के लिए कॉरपोरेट घरानों से सैकड़ों क़रारनामे किये हैं, सब-के-सब गुप-चुप। ये क़रारनामे रुपये-आने-पाई में तब्दील हो सकें, इसलिए जन-जातियों का हटाया जाना ज़रूरी है।

लिहाज़ा, यह जंग।

जब कोई देश जो अपने को लोकतंत्र कहता है खुल्लम-खुल्लम अपनी सीमाओं के अन्दर युद्ध घोषित कर देता है तो यह लड़ाई कैसी नज़र आती है? क्या प्रतिरोध के सफल होने की कोई सम्भावना है? क्या उसे सफल होना चाहिए? कौन हैं माओवादी? क्या वे महज़ ख़ून-ख़राबे में यक़ीन करने वाले अनास्थावादी हैं, जो आदिवासियों को कोंच-कोंच कर निराशाजनक विप्लव की ओर धकेलते हुए, उन पर एक पुरानी पड़ चुकी विचारधारा को थोप रहे हैं? क्या हथियारबन्द संघर्ष बुनियादी तौर पर अलोकतांत्रिक

है? क्या ‘चक्की के पाट का सिद्धान्त’ कि ‘आम’ आदिवासी राज्य और माओवादियों के बीच गोलीबारी में फँसे हुए हैं सही और सटीक है? क्या ‘माओवादी’ और ‘आदिवासी’ दो बिलकुल अलग-अलग कोटियाँ हैं जैसा कि बताया जा रहा है? क्या उनके हित परस्पर मिलते हैं? क्या उन्होंने एक-दूसरे से कुछ सीखा है? क्या उन्होंने एक-दूसरे को बदला है?

■

मेरे रवाना होने से एक दिन पहले मेरी माँ का फ़ोन आया, वे निंदासी जान पड़ती थीं। ‘मैं सोचती रही हूँ,’ उन्होंने माँओं के सहज अन्तर्ज्ञान से कहा, ‘इस देश को जिस चीज़ की ज़रूरत है वह क्रान्ति है।’

इण्टरनेट पर एक लेख में कहा गया है कि इस्रायली संस्था मोसाद तीस उच्चस्तरीय भारतीय पुलिस अफ़सरों को चिह्नित हत्याओं की तकनीक में प्रशिक्षित कर रही है ताकि माओवादी संगठन को ‘सिर विहीन’ किया जा सके।[1] अख़बारों में उस नये असलहे का ज़िक्र है, जो इस्राइल से ख़रीदा गया है लेज़र दूरी मापक, ताप नियंत्रित छवि-निर्माता उपकरण और बिना चालक के वाहन, जो अमरीकी फ़ौज में बहुत लोकप्रिय हैं। ग़रीबों के ख़िलाफ़ इस्तेमाल करने के लिए बिलकुल मुफ़ीद हथियार।

■

'बार्डर' के एक गाँव में झोंपड़ी।
दीवारों पर जो लिखा है वह गरीबी रेखा से नीचे रहनेवाले हर घर में लिखा जाना अनिवार्य है।

ग्रामीण दस्ता

युद्ध उनकी प्राथमिक चिन्ता नहीं जान पड़ता। उन्होंने गाँव के कुछ घरों के गिर्द बाड़ बनाने में मदद करते हुए, ताकि बकरियों को खेतों में जाने से रोका जा सके, अभी-अभी दिन भर का काम ख़त्म किया है। उनका काम है चार या पाँच गाँवों के समूह की गश्त लगाना और उनकी हिफ़ाज़त करना और खेतों में मदद करना, कुएँ साफ़ करना या घरों की मरम्मत करना—ज़रूरत के सारे कामों में हाथ बँटाना।

रायपुर से दन्तेवाड़ा तक कार का सफ़र लगभग दस घण्टे लेता है ऐसे इलाक़ों से जो 'माओवादियों से संक्रमणग्रस्त' जाने जाते हैं। ये असावधानी से इस्तेमाल किये गये शब्द नहीं है। 'संक्रमण/संक्रमित' का अभिप्राय 'बीमारी/कीटाणु' से है। बीमारियों का इलाज किया जाना चाहिए। कीटाणुओं का सफ़ाया होना चाहिए। माओवादियों को साफ़ कर दिया जाना चाहिए। इन निरीह, रेंगते हुए तरीक़ों से जनसंहार की भाषा हमारे शब्द-भण्डार में दाख़िल हुई है।

राजमार्ग की रक्षा के लिए सुरक्षा-बलों ने दोनों तरफ़ वन की एक सँकरी पट्टी 'सुरक्षित' कर दी है। उसके और अन्दर चल कर, 'दादा लोग' का राज है। भाइयों का। साथियों का। कॉमरेडों का।

रायपुर के बाहरी छोर पर वेदान्त (वह कम्पनी जिसके साथ हमारे गृहमंत्री कभी काम किया करते थे) कैंसर हस्पताल का विज्ञापन करने वाला एक विशाल बोर्ड लगा है। उड़ीसा में, जहाँ वेदान्त बॉक्साइट का खनन कर रही है, वह एक विश्वविद्यालय को वित्तीय सहायता दे रही है। इन सहज, अदृश्य तरीक़ों से खनन निगम हमारे कल्पनालोक में प्रवेश करते हैं : दीनबन्धु दानव जो सचमुच दयावान हैं। इसे कॉरपोरेट सामाजिक उत्तरदायित्व कहते हैं। इससे खनन कम्पनियों को विख्यात अभिनेता और पूर्व मुख्यमंत्री एन. टी. रामाराव सरीखा बनने की छूट मिल जाती है, जो तेलुगु की पौराणिक फ़िल्मों में सभी भूमिकाएँ अदा करते थे नायक भी, खलनायक भी एक साथ, उसी फ़िल्म में। कॉरपोरेट सामाजिक उत्तरदायित्व उस बेहूदा और अन्यायपूर्ण अर्थ-शास्त्र पर पर्दा डालने का काम करता है, जो भारत में खनन उद्योग

का आधार है। मिसाल के लिए, कर्नाटक के सम्बन्ध में लोक आयुक्त की एक हाल की रिपोर्ट के अनुसार निजी कम्पनी द्वारा निकाले गये कच्चे लोहे के हर टन पर सरकार को 27 रुपये राजस्व मिलता है और खदान कम्पनी 5000 रुपये कमाती है।[2] बॉक्साइट और ऐल्यूमिनियम उद्योगों में आँकड़े और भी ख़राब हैं। हम अरबों डॉलर के दिन-दहाड़े डाके की बात कर रहे हैं, जो चुनावों, सरकारों, न्यायाधीशों, अख़बारों, टीवी चैनलों, ग़ैर-सरकारी संस्थाओं और राहत एजेंसियों को ख़रीदने के लिए काफ़ी हैं। तब एकाध कैंसर हस्पताल यहाँ या वहाँ कोई मानी रखता है भला?

मुझे छत्तीसगढ़ सरकार द्वारा किये गये क़रारनामों की लम्बी फ़ेहरिस्त में वेदान्त का नाम देखने की याद नहीं है। लेकिन मुझमें इतना शक करने लायक़ पेचीदगी ज़रूर है कि अगर कैंसर हस्पताल है तो कहीं-न-कहीं चपटे शिखर वाला बॉक्साइट का पर्वत भी अवश्य होगा।

हम काँकेर से होकर गुज़रते हैं जो इस युद्ध के रम्पल स्टीलस्किन 'Rumple Stiltskin' हैं। ब्रिगेडियर बी.के. पँवार के 'जंगल युद्ध प्रशिक्षण विद्यालय' के लिए प्रसिद्ध है और जिन्हें भ्रष्ट, ढिल्लम-ढील पुलिसवालों (घास-फूस) को जंगल के लड़ाकों (सोने) में बदल देने का ज़िम्मा सौंपा गया है। 'युद्ध प्रशिक्षण विद्यालय' का आदर्श-वाक्य 'छापामार से छापामार की तरह लड़ो' चट्टानों पर लिखा हुआ है। यहाँ सिपाहियों को दौड़ना, सरकना, हवा में उड़ रहे हेलीकॉप्टरों पर कूद कर चढ़ना-उतरना, घुड़सवारी (किसी कारण से), साँप खाना और जंगल की उपज पर जीना

सिखाया जाता है।[3] ब्रिगेडियर को गर्व है कि वे सड़क के कुत्तों को 'आतंकवादियों' से लड़ने के लिए प्रशिक्षित कर रहे हैं। हर छह हफ़्तों पर पुलिस के आठ सौ सिपाही 'युद्ध प्रशिक्षण विद्यालय' से उत्तीर्ण होकर निकलते हैं। भारत भर में ऐसे बीस विद्यालयों की योजना है। पुलिस को धीरे-धीरे फ़ौज में तब्दील किया जा रहा है। (कश्मीर में इसका उलट है। फ़ौज को एक मुटाये हुए प्रशासनिक, पुलिस बल में परिवर्तन किया जा रहा है।) सिर के बल। अन्दर का बाहर। किसी भी नज़रिये से दुश्मन जनता है।

रात हो चुकी है। जगदलपुर सोया हुआ है, सिवा राहुल गाँधी की उन बहुत-सी होर्डिंगों के, जिनमें लोगों से युवा कांग्रेस में शामिल होने के लिए कहा जा रहा है। वे हाल के महीनों में दो बार बस्तर आ चुके हैं, लेकिन युद्ध के बारे में उन्होंने कुछ ज़्यादा नहीं कहा है। शायद इस मुक़ाम पर जनता के राजकुमार के लिए दख़ल देना कुछ अधिक कण्टकाकीर्ण है। उनके मीडिया-प्रबन्धकों ने ज़रूर पेशबन्दी कर ली होगी। राहुल गाँधी के इर्द-गिर्द सावधानी से नियोजित प्रचार में इस बात का ज़्यादा उल्लेख नहीं होता कि सलवा जुडुम (पावनकारी आखेट) वह ख़ौफ़नाक, सरकार-समर्थित शान्ति-व्यवस्थापक गश्ती जत्था जो बलात्कारों, हत्याओं, गाँवों को जलाने और हज़ारों-लाखों लोगों को उनके घरों से भगाने के लिए ज़िम्मेदार है एक कांग्रेसी विधायक महेन्द्र करमा के नेतृत्व में काम कर रहा है।

मैं अपनी मुलाक़ात के लिए सही वक़्त पर माँ दन्तेश्वरी के मन्दिर पर पहुँच गयी (पहला दिन, पहला शो।) मेरे पास मेरा

कैमरा था, मेरा छोटा-सा नारियल और माथे पर लाल, झरता हुआ टीका। मैंने सोचा कहीं कोई मुझे देखकर हँस तो नहीं रहा होगा। कुछ ही मिनटों में एक लड़का प्रकट हुआ। उसके पास एक टोपी और पीठ पर लादने वाला स्कूली बस्ता था। उँगलियों के नाख़ूनों पर उखड़ा-उखड़ा लाल नेलपॉलिश था। कोई हिन्दी 'आउटलुक' नहीं, न केले ही। 'क्या तुम हो, जो अन्दर जा रही हो?' उसने मुझसे पूछा। कोई 'नमस्कार गुरु जी' नहीं। मुझे समझ में नहीं आया क्या कहूँ। उसने एक सीला-सा पुर्ज़ा अपनी जेब से निकाल कर मुझे दिया। उसमें लिखा था 'आउटलुक नहीं मिला।'

'और केला?'

'मैं खा गया,' उसने कहा, 'मुझे भूख लगी थी।'

वह सचमुच सुरक्षा को ख़तरा था।

उसके बस्ते पर छपा था, 'चार्ली ब्राउन नॉट योर ऑर्डिनरी ब्लॉक हेड' (चार्ली ब्राउन तुम्हारा आम घोंघाबसन्त नहीं।) उसने बताया उसका नाम मँगतू था। मुझे जल्दी ही पता चल गया कि दण्डकारण्य, वह जंगल जिसमें मैं दाख़िल होने वाली थी, ऐसे लोगों से भरा हुआ था, जिनके कई नाम थे और पानी पर लिखी पहचानें। मेरे लिए यह मलहम सरीखा था, यह विचार। कितना उम्दा है हर वक़्त अपने साथ चिपके न रहना, कुछ देर के लिए कोई और बन जाता।

हम पैदल ही बस अड्डे की तरफ़ चले जो मन्दिर से कुछ मिनट की दूरी पर था। वहाँ पहले ही भीड़-भाड़ थी। चीज़ें बड़ी तेज़ी से घटित हुईं। मोटरसाइकिलों पर दो लोग थे। कोई

बातचीत नहीं हुई महज़ पहचान लेने वाली एक निगाह, शरीर के वज़न का सरकना, इंजनों की रफ़्तार का बढ़ना। मुझे कुछ अन्दाज़ा नहीं था कि हम जा कहाँ रहे थे। हम पुलिस अधीक्षक के घर के सामने से गुज़रे, जिसे मैंने अपनी पिछली यात्रा की याद से पहचाना। पुलिस अधीक्षक एक साफ़गो आदमी था : 'देखिए मैडम, साफ़-साफ़ कहें तो यह समस्या पुलिस या फ़ौज से हल होने वाली नहीं है। इन आदिवासियों के साथ दिक़्क़त यह है कि वे लालच नहीं समझते हैं। जब तक कि वे लालची नहीं बनते, हमारे लिए कोई उम्मीद नहीं है। मैंने अपने बॉस से कहा है, पुलिस बल को हटा लीजिए और इसकी बजाय हर घर में टीवी लगा दीजिए। सारी चीज़ें आप-से-आप ठीक हो जायेंगी।'

देखते-ही-देखते हमारी मोटरसाइकिलें क़स्बे के बाहर चली आयीं। किसी ने पीछा नहीं किया। लम्बा सफ़र था। मेरी घड़ी के मुताबिक़ तीन घण्टे। अचानक ही वह ख़त्म हो गया, सुनसान वीराने में, ख़ाली सड़क पर, जिसके दोनों तरफ़ जंगल था। मँगतू उतरा। मैं भी। मोटरसाइकिलें चलती बनीं और मैंने अपना पिट्ठू उठाया और उस छोटे-से आन्तरिक सुरक्षा के ख़तरे के पीछे-पीछे जंगल में हो ली। दिन ख़ूबसूरत था। जंगल की ज़मीन सुनहरी ग़ालीचा बनी हुई थी।

थोड़ी ही देर में हम एक चौड़ी सपाट नदी के सफ़ेद, रेतीले तट पर पहुँच गये। ज़ाहिरा तौर पर वह बरसाती नदी थी, इसलिए अब वह कमो-बेश एक रेतीला तल थी, बीचों-बीच टख़नों तक आता पानी, आसानी से हेल कर दूसरी तरफ़ जाने के क़ाबिल।

उस पार 'पाकिस्तान' था। "वहाँ पर मैडम," साफ़गो पुलिस अधीक्षक ने मुझसे कहा था, "मेरे जवान जान लेने के लिए गोली दाग़ते हैं।" जब हम पार करने लगे तो मुझे यह बात याद आयी। मैंने कल्पना में देखा कि हम पुलिसवाले की बन्दूक के निशाने पर हैं खुले इलाक़े में नन्हीं आकृतियाँ, आसानी से उड़ाने लायक़। लेकिन मँगतू बिलकुल बेफ़िक्र जान पड़ता था और मैंने उसी का अनुसरण किया।

दूसरे तट पर हमारे इन्तज़ार में, दूब जैसी हरी कमीज़ पहने, जिस पर 'हॉर्लिक्स' लिखा था, चन्दू मौजूद था। उमर में थोड़ा-सा बड़ा आन्तरिक सुरक्षा को ख़तरा। शायद बीस का। उसके पास एक मनमोह लेने वाली मुस्कान, एक साइकिल, उबले पानी का कैन और मेरे लिए ग्लूकोज़ बिस्कुटों के कई पैकेट थे, पार्टी की तरफ़ से। हमने साँस ठीक की और फिर पैदल चल पड़े। साइकिल, जैसा कि बाद में पता चला, एक धोखा था। रास्ता लगभग पूरी तरह साइकिल के अयोग्य था। हम खड़ी पहाड़ियों पर चढ़े और कुछ बहुत संकट-भरे कगारों के साथ-साथ चट्टानी रास्तों से होते हुए नीचे को उतरे। जब वह साइकिल को धकेल न पाता तो चन्दू उसे सिर के ऊपर उठा कर ले जाता मानो उसका कुछ वज़न न हो। मैंने उसकी अभिभूत गाँव के छोरे वाली मुद्रा और हाव-भाव को ले कर सोचना शुरू किया। मुझे (बहुत बाद में) पता चला कि वह हर तरह का हथियार चला लेता था, 'सिवा लाइट मशीनगन के,' उसने प्रफुल्ल स्वर में मुझे सूचित किया था।

पगड़ियों में फूल लगाये तीन ख़ूबसूरत, अधेड़ आदमी हमारे

साथ-साथ आधे घण्टे तक चलते रहे, जब तक कि हमारे रास्ते जुदा नहीं हो गये। सूर्यास्त के साथ उनके कन्धों से लटके झोलों से बाँग सुनायी दी। उनमें उन्होंने मुर्ग़े रखे हुए थे, जो वे बाज़ार में ले गये थे, पर बेच नहीं पाये थे।

ऐसा लगता है कि चन्दू अँधेरे में देख सकता है। मुझे अपनी टॉर्च इस्तेमाल करनी पड़ती है। झींगुर बोलने लगते हैं। और जल्द ही एक वाद्य-वृन्द, आवाज़ों का एक गुम्बद हमारे ऊपर मौजूद होता है। मैं ऊपर, रात के आकाश को देखने के लिए तरसती हूँ, लेकिन मुझे हिम्मत नहीं होती। मुझे अपनी आँखें ज़मीन पर गाड़े रखनी हैं। एक बार में एक क़दम। एकाग्र हो कर।

मुझे कुत्तों की आवाज़ सुनाई देती है, लेकिन मैं बता नहीं सकती कि वे कितनी दूर हैं। रास्ता समतल हो जाता है। मैं आकाश की तरफ़ चोरी से एक निगाह डालती हूँ। वह मुझे आह्लादित कर देता है। मैं उम्मीद करती हूँ कि हम जल्दी ही रुकेंगे। 'जल्दी।' चन्दू कहता है। लेकिन एक घण्टे से भी ज़्यादा समय लग जाता है। मुझे विशाल पेड़ों की धुँधली छायाएँ नज़र आती हैं। हम पहुँच जाते हैं।

गाँव खुला-खुला लगता है, मकान एक-दूसरे से काफ़ी दूरी पर। जिस घर में हम दाख़िल होते हैं वह सुन्दर है। आग जल रही है, कुछ लोग इर्द-गिर्द बैठे हुए हैं। और भी लोग बाहर हैं, अँधेरे में। मैं बता नहीं सकती कितने। मुझे वे मुश्किल ही से नज़र आते हैं। एक बुदबुदाहट-सी फैल जाती है। लाल सलाम, कॉमरेड। 'लाल सलाम,' मैं कहती हूँ। मैं थकान से परे हूँ।

घरवाली मुझे अन्दर बुलाती है और हरी फलियों के साथ पका मुर्ग़े का शोरबेदार सालन और थोड़ा-सा लाल चावल देती है। शानदार। उसकी बच्ची मेरे पास सो रही है, उसकी चाँदी की पायल आग की रोशनी में चमकती है।

खाने के बाद मैं अपने स्लीपिंग बैग की ज़िप खोलती हूँ। अजीब-सा अतिक्रमण करने वाला शोर होता है। बड़ी वाली ज़िप का। कोई रेडियो चालू कर देता है। बी.बी.सी. की हिन्दी सर्विस। चर्च ऑफ़ इंग्लैण्ड ने पर्यावरण के नुक़सान और डोंगरिया कोंड आदिवासियों के अधिकारों के हनन का हवाला देते हुए वेदान्त की नियमगिरि परियोजना से अपनी धनराशि वापस ले ली है। मुझे गायों की घण्टियाँ, उनके नथुनों की हँफनी, खुरों की खस-खस और मवेशियों के पादने की आवाज़ें सुनाई देती हैं। दुनिया ठीक-ठाक है। मेरी आँखें बन्द हो जाती हैं।

सुबह के पाँच बजे हम उठ जाते हैं। छै बजते-बजते चल देते हैं और दो घण्टों में हम एक और नदी पार करते हैं। हर गाँव में, जिससे होकर हम गुज़रते हैं, इमली के पेड़ों का एक परिवार है, विशाल, कृपालु देवताओं की तरह उसके ऊपर निगरानी करता हुआ। मीठी, बस्तर की इमली। ग्यारह बजते-बजते सूरज काफ़ी चढ़ जाता है और पैदल चलने में कम मज़ा आने लगता है। हम एक गाँव में दोपहर के भोजन के लिए रुकते हैं। चन्दू घर के लोगों से परिचित जान पड़ता है। एक सुन्दर युवती उससे चुहल करती है। वह थोड़ा शर्माया हुआ-सा लगता है। शायद मेरी मौजूदगी की वजह से। खाने में मसूर की दाल के साथ

कच्चा पपीता और लाल चावल है। और पिसी हुई लाल मिर्च। हम फिर से पैदल चलना शुरू करने से पहले सूरज के तीखेपन के शान्त होने का इन्तज़ार करेंगे। हम झरोखे में एक झपकी लेते हैं। इस जगह में एक सादगी-भरी सुन्दरता है। हर चीज़ साफ़-सुथरी और ज़रूरत के हिसाब से है। कोई ठाँसा-ठूँसी नहीं। एक काली मुर्ग़ी मिट्टी की नीची दीवार पर आगे-पीछे क़वायद कर रही है। बाँस का एक मचान फूस की छत के बत्तों को सहारा देने के साथ-साथ सामान रखने के काम भी आता है। उस पर तिनकों का झाड़ू, दो ढोलकियाँ, सरपत की बुनी हुई टोकरी, एक टूटा हुआ छाता और पिचकाये गये ख़ाली गत्ते के डिब्बों की पूरी थाक है। मेरी आँख किसी चीज़ पर जा अटकती है। मुझे अपने चश्मे की ज़रूरत पड़ती है। गत्ते पर जो छपा है, वह यह है : आइडियल पावर 90 हाई एनर्जी इमल्शन एक्सप्लोसिव (क्लास-2) एस.डी.सी.ए.टी. ज़ेड.ज़ेड.। आदर्श शक्ति युक्त 90 उच्च ऊर्जा तरल विस्फोटक (श्रेणी-2) एस.डी.सी.ए.टी.ज़ेड.ज़ेड.।

हम दो बजे फिर चलना शुरू कर देते हैं। जिस गाँव में हम जा रहे हैं, वहाँ हम एक दीदी से मिलेंगे, जो जानती है कि यात्रा का अगला चरण क्या होगा। चन्दू नहीं जानता। जानकारी की भी किफ़ायतशारी है। किसी के लिए भी सब कुछ जानना ज़रूरी नहीं है। लेकिन जब हम गाँव पर पहुँचते हैं, दीदी वहाँ नहीं है। उसकी कोई ख़बर नहीं है। पहली बार मैं चन्दू के माथे पर चिन्ता का हलका-सा बादल घिरते देखती हूँ। एक बड़ा बादल मेरे ऊपर छा जाता है। मैं नहीं जानती कि संचार-प्रणाली क्या

है, लेकिन अगर वह गड़बड़ा गयी हो तब क्या होगा?

हम गाँव से थोड़ी दूरी पर स्कूल की एक निर्जन, परित्यक्त इमारत के बाहर ठहरे हैं। गाँव के सारे सरकारी स्कूल कंक्रीट के बुर्जों की तरह क्यों बने हैं, जिनमें खिड़कियों की जगह लोहे के शटर लगे होते हैं और लोहे के सरकने, मुड़ने वाले दरवाज़े? गाँव के घरों की तरह मिट्टी और फूस से क्यों नहीं? क्योंकि वे सिपाहियों के रहने के लिए भी इस्तेमाल होते हैं और चौकियों के लिए भी। ''अबूझमाड़ के गाँवों में,'' चन्दू कहता है, ''स्कूल ऐसे ही हैं...'' वह तिनके से ज़मीन पर एक इमारत का नक़्शा बनाता है। तीन अठकोने कमरे मधुमक्खी के छत्ते की तरह एक-दूसरे से जुड़े हुए...''ताकि वे सभी तरफ़ गोली चला सकें।'' वह अपनी बात को समझाने के लिए रेखाएँ खींचता है, क्रिकेट के चित्र की तरह बल्लेबाज़ का पहिया हर दिशा में खेली गयी गेंदों का रेखा-चित्र। किसी भी स्कूल में कोई अध्यापक नहीं है, चन्दू बताता है। वे सब-के-सब भाग गये हैं। या तुम लोगों ने उन्हें भगा दिया है? नहीं, हम सिर्फ़ पुलिस को भगाते हैं, लेकिन अध्यापक यहाँ जंगल में भला आयें ही क्यों, जब उन्हें घर-बैठे तन्ख़्वाहें मिल जाती हैं? अच्छा नुक़्ता है।

वह मुझे बताता है कि यह 'नया इलाक़ा' है। पार्टी अभी हाल ही में यहाँ दाख़िल हुई है।

लगभग बीस युवक-युवतियाँ आ पहुँचते हैं। बीस साल की उमर से कुछ नीचे-ऊपर के। चन्दू बताता है कि ये गाँव के स्तर के अर्द्ध-सैनिक हैं माओवादी सैनिक सोपान की सबसे

निचली सीढ़ी। मैंने पहले कभी उन जैसे लोग नहीं देखे। उन्होंने साड़ियाँ और लुंगियाँ पहन रखी हैं, कुछ घिसी हुई वर्दियों में हैं। लड़कों ने गहने और पगड़ियाँ पहन रखी हैं। उनमें से हरेक के पास एक पुरानी तोड़ेदार राइफ़ल है, जिसे 'भरमार' कहा जाता है। कुछ के पास छुरे, कुल्हाड़ियाँ और तीर-कमान भी हैं। एक लड़का एक अनगढ़ मोर्टार लिये हुए है, जो तीन फ़ुट लम्बी, भारी नलकूप की नली से बना है। वह बारूद और किरचों से भरा है और दाग़े जाने के लिए तैयार है। वह भारी आवाज़ करता है, लेकिन एक बार ही दाग़ा जा सकता है। फिर भी पुलिसवालों को डरा देता है, वे कहते हैं और खी-खी करके हँसते हैं। युद्ध उनकी प्राथमिक चिन्ता नहीं जान पड़ता। शायद इसलिए कि उनका इलाक़ा सलवा जुडुम की निजी सीमा-रेखा के बाहर है। उन्होंने गाँव के कुछ घरों के गिर्द बाड़ बनाने में मदद करते हुए, ताकि बकरियों को खेतों में जाने से रोका जा सके, अभी-अभी दिन भर का काम ख़त्म किया है। वे मौज-मस्ती और उत्सुकता से भरे हैं। लड़कियों में आत्म-विश्वास है और लड़कों से उनका व्यवहार सहज है। मेरे अन्दर इस तरह की चीज़ों को भाँपने की क्षमता है और मैं प्रभावित होती हूँ। चन्दू बताता है कि उनका काम है चार या पाँच गाँवों के समूह की गश्त लगाना और उनकी हिफ़ाज़त करना और खेतों में मदद करना, कुएँ साफ़ करना या घरों की मरम्मत करना ज़रूरत के सारे कामों में हाथ बँटाना।

अब भी दीदी का कुछ अता-पता नहीं। क्या किया जाये? कुछ नहीं। इन्तज़ार। कुछ काटने-छीलने में मदद करना।

खाने के बाद, बिना ज़्यादा बातचीत के, सब-के-सब क़तार बाँध लेते हैं। साफ़ है कि हमें चलना है। हर चीज़ हमारे साथ-साथ चलती है चावल, सब्ज़ियाँ, बर्तन-भाँडे। हम स्कूल के अहाते से बाहर आकर इकहरी पाँत में जंगल के भीतर दाख़िल हो जाते हैं। आधे घण्टे से भी कम समय में हम जंगल के बीच एक खुली जगह में आ पहुँचते हैं, जहाँ हमें सोना है। वहाँ ज़रा भी आवाज़ नहीं की जाती। कुछ ही मिनटों के भीतर सब अपनी-अपनी नीली- प्लास्टिक की चादर हर जगह विद्यमान 'झिल्ली' बिछा लेते हैं (जिसके बिना कोई क्रान्ति नहीं होगी)। चन्दू और मँगतू मिलकर अपने लिए एक झिल्ली बिछाते हैं और एक मेरे लिए। वे मेरे लिए सबसे बढ़िया जगह खोज देते हैं, सबसे अच्छी सलेटी चट्टान के पास। चन्दू कहता है कि उसने दीदी को एक सँदेसा भेजा है। अगर उसे मिल जाता है तो वह सुबह-सुबह यहाँ आ पहुँचेगी। अगर उसे मिल जाता है तो।

एक लम्बे अर्से के दौरान यह सबसे सुन्दर कमरा है, जिसमें मैं सोयी हूँ। मेरा निजी कक्ष हज़ार-सितारा होटल है। मैं विचित्र हथियारों वाले इन अजीब, सुन्दर बच्चों से घिरी हुई हूँ। वे सभी माओवादी हैं, यह पक्का है। क्या वे सब-के-सब मारे जायेंगे? क्या 'जंगल युद्ध प्रशिक्षण विद्यालय' इनके लिए गठित किया गया है? और तोपधारी हेलीकॉप्टर, ताप नियंत्रित छवि-निर्माता उपकरण और लेज़र दूरी-मापक यंत्र?

इन्हें क्यों मरना पड़े? किसलिए? इस सारी जगह को एक खदान में बदलने के लिए? मुझे केयोनझार, उड़ीसा में कच्चे

लौंग मार्च

अब हम एक पंक्ति में आगे बढ़ रहे थे। मैं और एक सौ 'संवेदनहीन हिंसक, खून के प्यासे' लड़ाकू।

लोहे की खुली खदानों की यात्रा याद हो आयी। वहाँ कभी वन हुआ करता था। और ऐसे ही बच्चे। अब वह इलाक़ा कच्चे, लाल ज़ख़्म-सरीखा है। लाल धूल आपके नथुनों और फेफड़ों में भर जाती है। पानी लाल है, हवा लाल है, लोग लाल हैं, उनके फेफड़े और बाल लाल हैं। सारा दिन, सारी रात ट्रक उनके गाँवों से घड़घड़ाते हुए गुज़रते हैं, बम्पर-से-बम्पर सटाये, हज़ारों-हज़ारों ट्रक, लोहे के चूरे को पारादीप ले जाते हुए, जहाँ से वह चीन जायेगा। वहाँ यह तब्दील होगा कारों और धुएँ और रातों-रात उभर कर खड़े हो जाने वाले अनपेक्षित नगरों में; ऐसी 'विकास-दर' में जो अर्थ-शास्त्रियों को अवाक् छोड़ जायेगी और हथियारों में जिनसे युद्ध छेड़ा जाये।

सब सो गये हैं, सिवा उन पहरेदारों के जो डेढ़-डेढ़ घण्टे की पालियों में गश्त कर रहे हैं। आख़िरकार मैं सितारों की तरफ़ देख सकती हूँ। जब मैं बच्ची थी और मीनाचल नदी के किनारों पर बड़ी हो रही थी, मैं सोचा करती थी कि झींगुरों की आवाज़ जो हमेशा झुटपुटा होने पर शुरू हो जाती थी चमकने के लिए तैयार होते सितारों के तेज़ी से घूमने की आवाज़ थी। मुझे अचरज होता है कि मुझे यहाँ होना कितना अच्छा लग रहा है। दुनिया की और कोई जगह नहीं जहाँ मैं इस जगह की बजाय होना चाहूँगी। आज की रात मैं क्या बनूँ? सितारों के नीचे कॉमरेड रहेल। हो सकता है दीदी कल आ जाये।

वे शुरू दोपहर के वक़्त आते हैं। मैं उन्हें दूर से देख सकती हूँ। वे लगभग पन्द्रह हैं, सब-के-सब फ़ौजी रंग की हरी वर्दियों में। हमारी तरफ़ आते हुए वे जिस तरह दौड़ रहे हैं, उसे इतनी

दूर से देखते हुए भी मैं बता सकती हूँ कि वे ज़बर्दस्त लड़ाके हैं। 'जनमुक्ति छापामार सेना' के सिपाही। इन्हीं के लिए हैं ताप-नियंत्रित छवि-निर्माता उपकरण और लेज़र-निर्देशित राइफ़लें। इन्हीं के लिए हैं 'जंगल युद्ध प्रशिक्षण विद्यालय।'

वे घातक क़िस्म की बन्दूकें लिये हुए हैं, इनसास, स्वचालित राइफ़लें, दो के पास एके-47 भी हैं। जत्थे के नेता कॉमरेड माधव हैं, जो नौ साल की उम्र से पार्टी के साथ हैं। वे वारंगल, आन्ध्र प्रदेश के रहने वाले हैं। इस समय वे विक्षुब्ध और बेहद शर्मसार हैं। संचार-व्यवस्था में भारी गड़बड़ी हुई, वे बार-बार कहते हैं, जो आम तौर पर कभी नहीं होती। पहली ही रात मेरा मुख्य शिविर पर पहुँच जाना तय था। किसी ने बीच के संचार में भूल से क्रम-भंग कर दिया। मोटर साइकिल से भी एक बिलकुल अलग जगह पहुँचना था। हमने आपको इन्तज़ार कराया, हमने आपको इतना चलने पर मजबूर किया। जब सँदेसा आया कि आप यहाँ हैं तो हम दौड़ते हुए आये हैं। मैंने कहा फ़िक्र की कोई बात नहीं, मैं इन्तज़ार करने, पैदल चलने और सुनने के लिए तैयार होकर आयी थी। वे तत्काल चल देना चाहते हैं, क्योंकि कैम्प पर लोग इन्तज़ार कर रहे थे और चिन्तित थे।

कैम्प तक कुछ घण्टों की पैदल यात्रा है। अँधेरा हो चला है जब हम वहाँ पहुँचते हैं। पहरेदारों की कई परतें और गश्त के एक के बाद एक कई दायरे हैं। दो क़तारों में कॉमरेड खड़े हैं। गिनती में वे सौ के क़रीब होंगे। वे गाने लगते हैं *लाल लाल सलाम, लाल लाल सलाम, आने वाले साथियों को लाल*

लाल सलाम। बड़ी मिठास के साथ, मानो वह किसी नदी या किसी जंगली फूल के बारे में कोई लोकगीत हो। गीत के साथ अभिवादन, हाथ मिलाना, भिंची हुई मुट्ठी। हर कोई बुदबुदाते हुए हरेक का अभिवादन करता है, *लालस्लाम, मस्लाम, स्लाम...*

लगभग पन्द्रह वर्ग फ़ुट की एक बड़ी-सी नीली झिल्ली के सिवा 'कैम्प' का कोई निशान नहीं है। इस झिल्ली की एक छत भी है। झिल्ली से बनी हुई। यह रात भर के लिए मेरा कमरा है। मुझे या तो दिन-रात चलने का इनाम मिल रहा था या फिर आगे जो आने वाला था, उसके लिए दुलराया जा रहा था, या दोनों ही। दोनों ही स्थितियों में यह पूरे दौरे में आख़िरी बार था, जब मेरे सिर पर छत होने वाली थी। रात के खाने पर मैं कॉमरेड नर्मदा से, जो क्रान्तिकारी आदिवासी महिला संगठन' की प्रभारी हैं और जिन के सिर पर इनाम है, जनमुक्ति छापामार सेना की कॉमरेड सरोजा से, जो बस अपनी स्वचालित राइफ़ल जितनी ही लम्बी हैं, कॉमरेड मासे से (जिसका मतलब गोंडी में काली लड़की होता है) जिनके सिर पर भी इनाम है, और कॉमरेड रूपी से, जो तकनीकी जादूगर हैं और कॉमरेड राजू से मिली, जो उस मण्डल के प्रभारी हैं, जिससे होकर मैं आ रही थी और कॉमरेड वेणु (या मुरली या सोनू या सुशील, जो भी आप उनको बुलाना चाहें) से भी, जो स्पष्ट रूप से उन सबमें सबसे वरिष्ठ थे। शायद केन्द्रीय समिति या शायद पॉलिट ब्यूरो भी। मुझे बताया नहीं जाता, मैं पूछती भी नहीं। हमारे बीच गोंडी, हल्बी, तेलुगू, पंजाबी और मलयालम भाषी हैं। सिर्फ़ मासे अंग्रेज़ी बोलती हैं। (लिहाज़ा

हम सब हिन्दी में बातचीत करते हैं)। कॉमरेड मासे लम्बी और ख़ामोश हैं और उन्हें बातचीत में हिस्सा लेने के लिए, लगता है, पीड़ा की एक परत से तैर कर आना पड़ता है, लेकिन जिस तरह वे मुझे गले लगाती हैं मैं बता सकती हूँ कि वे पाठिका हैं। और यह भी कि उन्हें जंगल में किताबों की कमी महसूस होती है। वे मुझे अपनी व्यथा बाद ही में बतायेंगी, जब वे मुझे अपने दुख का साझीदार बनायेंगी।

बुरी ख़बर आती है, जैसा कि इस जंगल में होता है। 'बिस्कुटों' के साथ एक हरकारा। काग़ज़ पर हाथ से लिखे पुर्ज़े, तहा कर और स्टेपल लगा कर छोटे-छोटे चौकोर टुकड़ों की शक्ल में। वे झोला भर हैं। चिप की तरह। हर जगह से ख़बर। पुलिस ने ओंगनार गाँव में पाँच लोगों को मार दिया है, चार अर्द्ध- सैनिक और एक साधारण ग्रामीण : सन्तू पोट्टायी (25), फूलू वड्डे (22), कण्डे पोट्टायी (22), रामोली वड्डे (20), दलसाई कोराम (22)। वे पिछली रात के मेरे तारों जड़े शयन-कक्ष के बच्चे हो सकते थे।

फिर अच्छी ख़बर आती है। लोगों के छोटे-से जत्थे के साथ एक गोल-मटोल युवक। उसने भी फ़ौजी वर्दी पहन रखी है, लेकिन वह नयी जान पड़ती है। सब उसे सराहते हैं और उसकी फ़िटिंग पर टीका-टिप्पणी करते हैं। वह शर्माया हुआ और ख़ुश दिखाई देता है। वह डॉक्टर है, जो अपने साथियों के संग जंगल में रहने और काम करने आया है। बरसों हुए जब कोई डॉक्टर दण्डकारण्य में आया है।

रेडियो पर युद्ध की चर्चा के लिए 'वामपन्थी उग्रवाद' से

प्रभावित पाँच राज्यों के मुख्यमंत्रियों के साथ गृहमंत्री की बैठक की ख़बर आ रही है। झारखण्ड और बिहार के मुख्यमंत्री संकोच बरत रहे हैं और उपस्थित नहीं हुए हैं। रेडियो के इर्द-गिर्द बैठे सभी लोग हँस पड़ते हैं। चुनावों के समय के आस-पास, अभियान की पूरी अवधि के दौरान और फिर सम्भव है सरकार गठित होने के एक-दो महीने बाद तक, मुख्य धारा के राजनेता कुछ ऐसी बातें कहेंगे जैसे 'नक्सल तो हमारे बच्चे हैं।' लेकिन वे कब अपने मन बदल देंगे और नाख़ून और दाँत निकाल लेंगे, इसके कार्यक्रम से आप अपनी घड़ियाँ मिला सकते हैं।

मेरा परिचय कॉमरेड कमला से कराया जाता है। मुझे हिदायत दी जाती है कि किसी भी हालत में उसे जगाये बिना मैं अपनी झिल्ली से पाँच फ़ुट दूर भी न जाऊँ, क्योंकि अँधेरे में सबको दिशा-भ्रम हो जाता है और कोई भी गम्भीर रूप से गुम हो सकता है। (मैं उसे नहीं जगाती। घोड़े बेच कर सोयी रहती हूँ)। सुबह कमला मुझे पीली पॉलिथीन का एक डिब्बा देती है, जिसका एक कोना कटा हुआ है। कभी उसमें एबिस गोल्ड रिफ़ाइण्ड सोया तेल था। अब वह मेरा शौच का लोटा है। क्रान्ति की राह में कुछ भी ज़ाया नहीं किया जाता।

(अब भी मैं कॉमरेड कमला के बारे में हर समय सोचती हूँ, हर रोज़। वह सत्रह की है। कमर में देसी कट्टा बाँधे रहती है। और भई वाह, क्या मुस्कान है उसकी। लेकिन अगर वह पुलिस के हत्थे चढ़ गयी तो वे उसे मार देंगे। हो सकता है कि वे पहले उसके साथ बलात्कार करें। कोई सवाल नहीं पूछे जायेंगे।

क्योंकि वह आन्तरिक सुरक्षा को ख़तरा है।)

नाश्ते के बाद कॉमरेड वेणु (सुशील, सोनू, मुरली) झिल्ली पर पालथी मारकर बैठे हुए मेरी प्रतीक्षा कर रहे हैं। कुल मिला कर एक दुबले-पतले ग्रामीण अध्यापक जैसे दिखते हुए। मुझे इतिहास का सबक़ मिलने वाला है। या ज़्यादा सही तौर पर एक व्याख्यान दण्डकारण्य के वन-क्षेत्र में पिछले तीस वर्षों के इतिहास पर, जिसका परिणाम उस युद्ध में हुआ है, जो आज बवण्डर की तरह उसके चक्कर काट रहा है। यक़ीनन, यह एक पक्षधर बयान है। लेकिन फिर कौन-सा इतिहास पक्षधर नहीं होता? हर हाल में गुप्त इतिहास को सार्वजनिक किया ही जाना चाहिए अगर उसका विरोध और खण्डन होना है, उस पर बहस की जानी है, बजाय इसके कि उसके बारे में झूठ बोला जाय जो अभी हो रहा है।

कॉमरेड वेणु का रवैया शान्त और आश्वस्त करने वाला है और आवाज़ में एक मुलायमियत जो आने वाले दिनों में एक ऐसे सन्दर्भ में उभर कर सामने आयेगी, जो पूरी तरह मेरे औसान ख़ता कर देगी। इस सुबह वे कई घण्टों तक बातें करते हैं, लगभग धाराप्रवाह। वे एक छोटे-से भण्डार के व्यवस्थापक की तरह हैं, जिसके पास चाभियों का एक भीमकाय गुच्छा हो, जिससे वह कहानियों, कविताओं और अन्तर्दृष्टियों से भरे दराज़ों की भूल-भुलैयाँ खोल सके।

कॉमरेड वेणु उन सात हथियारबन्द दस्तों में से एक में थे, जो 30 वर्ष पहले आन्ध्र प्रदेश से जून 1980 में गोदावरी पार करके दण्डकारण्य वन में दाख़िल हुए थे। वे उन पहले 49 लोगों

पीपुल्स लिबरेशन गुरिल्ला आर्मी (पीएलजीए) की एक कॉमरेड
पीएलजीए की औपचारिक स्थापना दिसम्बर 2000 में हुई थी। यह पूर्णतया स्वयंसेवी सेना है। इसके कैडर में 45 प्रतिशत महिलाएँ हैं।

कैम्प

चलने से पहले मैंने शिविर पर नज़र डाली थी। सिवा थोड़ी-सी राख के, जहाँ आग जलायी गयी थी, वहाँ कोई चिह्न नहीं था कि लगभग सौ लोगों ने यहाँ डेरा डाला था। मुझे इस फ़ौज पर विश्वास नहीं होता। जहाँ तक उपभोग का सवाल है, यह किसी भी गाँधीवादी से ज़्यादा गाँधीवादी है और किसी भी ऋतु-परिवर्तन-सुधारक से कम कार्बन प्रदूषण पैदा करने वाली।

में से एक हैं। वे मूल नक्सलवादियों, भारत की कम्युनिस्ट पार्टी (मार्क्सवादी लेनिनवादी) से टूटे हुए एक हिस्से पीपुल्स वॉर ग्रुप के सदस्य थे। उसी वर्ष अप्रैल में कोण्डापल्ली सीतारमैया के नेतृत्व में पीपुल्स वॉर ग्रुप को औपचारिक तौर पर एक अलग, स्वतंत्र पार्टी घोषित किया गया था। पीपुल्स वॉर ग्रुप ने एक स्थायी सेना निर्मित करने का फ़ैसला किया था, जिसके लिए उसे एक आधार-क्षेत्र की ज़रूरत थी। दण्डकारण्य को वह आधार-क्षेत्र होना था और वे पहले जत्थे इलाक़े की जाँच-पड़ताल करने और छापामार अंचल बनाने की प्रक्रिया शुरू करने के लिए भेजे गये थे। यह बहस कि कम्युनिस्ट पार्टियों के पास एक स्थायी सेना होनी चाहिए या नहीं और अपनी शब्दावली के लिहाज़ से 'जनसेना' एक अन्तर्विरोध है या नहीं, एक पुरानी बहस है। पीपुल्स वॉर ग्रुप द्वारा सेना गठित करने का फ़ैसला आन्ध्र प्रदेश में उसके अनुभवों से उपजा था, जहाँ 'भूमि जोतने वाले की' नामक अभियान का नतीजा ज़मींदारों के साथ सीधी मुठभेड़ में हुआ था, जिसके परिणामस्वरूप कुछ ऐसा पुलिस दमन सामने आया था, जिसका सामना करना पार्टी को बिना अपने एक प्रशिक्षित पेशेवर लड़ाकू बल के बिना असम्भव जान पड़ा था।

2004 तक पीपुल्स वॉर ग्रुप का विलय दूसरे सीपीआई (एमएल) गुटों पार्टी यूनिटी और माओइस्ट कम्यूनिस्ट सेण्टर (जो अधिकतर बिहार और झारखण्ड में काम करता है) के साथ हो गया और वह भारत की कम्युनिस्ट पार्टी (माओवादी) बना, जो वह अब है।

दण्डकारण्य उस भूभाग का हिस्सा है, जिसे अंग्रेज़ अपने गोरों वाले ढंग से, गोंडवाना कहते थे, गोंड लोगों की भूमि। आज मध्य प्रदेश, छत्तीसगढ़, उड़ीसा, आन्ध्र प्रदेश और महाराष्ट्र की सीमाएँ इसे चीरती चली जाती हैं। मुसीबत खड़ी करने वाले लोगों को अलग-अलग प्रशासनिक इकाइयों में बाँटना एक पुरानी चाल है। लेकिन ये माओवादी और माओवादी गोंड, राज्य सीमाओं जैसी चीज़ों को बहुत ख़ातिर में नहीं लाते। उनके दिमाग़ों में अलग नक़्शे होते हैं और वनों के अन्य प्राणियों की तरह उनके अपने निजी पथ और मार्ग होते हैं। उनके लिए सड़कें चलने के लिए नहीं बनी हैं। वे सिर्फ़ पार किये जाने के लिए हैं या जैसा कि उत्तरोत्तर देखने में आया है, घात लगा कर हमला करने के लिए। हालाँकि (कोया और डोरला क़बीलों में बँटे) गोंड कुल मिला कर सबसे बड़ी संख्या में हैं, वहाँ दूसरे क़बाइली समुदायों की भी छोटी-छोटी बस्तियाँ हैं। ग़ैर-आदिवासी समुदाय, व्यापारी और बाहर से आकर बसे लोग जंगल के किनारों पर, सड़कों और बाज़ारों के नज़दीक रहते हैं।

पीपुल्स वॉर ग्रुप दण्डकारण्य में आने वाले सबसे पहले सुसमाचार वाहक नहीं थे। जाने-माने गाँधीवादी बाबा आम्टे ने 1975 में वारोरा में अपना आश्रम और कुष्ठ निवारण हस्पताल खोला था।[4] रामकृष्ण मिशन ने अबूझमाड़ के दूरस्थ वनों में ग्रामीण विद्यालय खोलने शुरू किये थे। उत्तरी बस्तर में बाबा बिहारी दास ने 'आदिवासियों को वापस हिन्दुओं के पन्थ में लाने के लिए' एक आक्रामक अभियान शुरू कर दिया था, जिसमें आदिवासी

संस्कृति की निन्दा-भर्त्सना करने, आत्म-घृणा के लिए उकसाने और हिन्दुत्व के सबसे वरदान वर्ण-व्यवस्था से परिचित कराने का अभियान शामिल था। पहले-पहले धर्म परिवर्तन करने वालों, गाँव के मुखियाओं और बड़े ज़मींदारों सल्वा जुडुम के संस्थापक महेन्द्र करमा जैसे लोगों को द्विजों की हैसियत दी गयी। (बेशक यह एक पाखण्ड है, क्योंकि कोई ब्राह्मण बन नहीं सकता। अगर ऐसा हो सकता तो अब तक हम ब्राह्मणों का राष्ट्र बन गये होते।) लेकिन यह जाली हिन्दुत्व आदिवासियों के लिए ठीक-ठाक माना गया, ठीक बाक़ी दूसरी चीज़ों के जाली नमूनों की तरह जो गाँवों के हाट में बेचे जाते हैं बिस्कुट, साबुन, माचिसें और तेल। हिन्दुत्व के अभियान के तहत भूमि सम्बन्धी अभिलेखों में गाँवों के नाम बदल दिये गये, नतीजे के तौर पर अधिकतर गाँवों के अब दो-दो नाम हैं, जनता के नाम और सरकारी नाम, मिसाल के लिए इन्नार गाँव चिन्नारी में तब्दील हो गया। मतदाता सूचियों में आदिवासी नाम हिन्दू नामों में बदल दिये गये (मास्सा करमा, महेन्द्र करमा बन गया।) जो हिन्दू दायरे में शामिल होने के लिए आगे नहीं आये, उन्हें 'कटवास' (अछूत) घोषित कर दिया गया जो आगे चलकर माओवादियों का स्वाभाविक निर्वाचक मण्डल बन गये।

पीपुल्स वॉर ग्रुप ने पहले-पहल दक्षिणी बस्तर और गढ़चिरोली में काम शरू किया। कॉमरेड वेणु उन शुरुआती महीनों का वर्णन कुछ अधिक ब्योरेवार ढंग से करते हैं। कैसे गाँववासी उन्हें शक की नज़रों से देखते थे और उन्हें अपने घरों में नहीं आने देते थे। कोई उन्हें खाना या पानी नहीं पेश करता था। पुलिस ने अफ़वाहें

फैला दी थीं कि वे चोर हैं। औरतें अपने गहने चूल्हे की राख में छिपा देती थीं। भारी मात्रा में उत्पीड़न हुआ। नवम्बर 1980 में, गढ़चिरोली में (जो तब चन्द्रपुर ज़िला के नाम से जाना जाता था) पुलिस ने गाँव की सभा में गोलियाँ चलानी शुरू कर दीं और एक पूरे-के-पूरे जत्थे को मार डाला। यह दण्डकारण्य में 'मुठभेड़' वाला पहला हत्याकाण्ड था। यह प्रगति को अवरुद्ध कर देने वाला सदमा था। और कॉमरेड, गोदावरी के पार, वापस आदिलाबाद चले गये।

लेकिन 1981 में वे लौट आये। उन्होंने आदिवासियों को उन क़ीमतों में वृद्धि की माँग करने के लिए संगठित करना शुरू किया जो उन्हें तेन्दू के पत्तों के लिए दी जाती थीं। (जो बीड़ियाँ बनाने के लिए इस्तेमाल होते हैं) उस समय व्यापारी लगभग 50 पत्तों के बण्डल के लिए 3 पैसे देते थे। इस तरह की राजनीति से बिल्कुल अनभिज्ञ लोगों को संगठित करना, उन्हें हड़ताल करने के लिए तैयार करना एक दुष्कर काम था। आख़िरकार हड़ताल कामयाब रही और दाम दुगुने हो गये—एक बण्डल के छै पैसे। लेकिन पार्टी की असली कामयाबी यह थी कि वह एकता के लाभ को और राजनीतिक बातचीत के संचालन के एक नये तरीक़े को प्रदर्शित कर सकी थी। कई हड़तालों और आन्दोलनों के बाद आजकल तेन्दू के पत्तों के एक बण्डल की क़ीमत एक रुपया हो गयी है। (इन दरों पर यह असम्भव-सा लगता है, लेकिन तेन्दू का व्यापार कई सौ करोड़ रुपयों का होता है।) हर मौसम में सरकार निविदाएँ जारी करती है और ठेकेदारों को तेन्दू पत्तों की तय की गयी मात्रा को निकालने की

अनुमति देती है आम तौर पर 1500 और 5 हज़ार मानक बोरों के बीच। हर मानक बोरे में लगभग एक हज़ार बण्डल आते हैं। (बेशक, यह सुनिश्चित करने का कोई तरीक़ा नहीं है कि ठेकेदार उस मात्रा से ज़्यादा न निकालें जिसकी उन्हें अनुमति है। जब तक तेन्दू का पत्ता बाज़ार में आता है वह किलो के भाव बिकने लगता है। वह पकड़ में न आने वाला गणित और नाप- जोख की प्रणाली, जो बण्डलों को मानक बोरों में और फिर किलोग्रामों में परिवर्तित करती है, ठेकेदारों द्वारा नियंत्रित होती है और इसमें सबसे ख़राब क़िस्म के जोड़-तोड़ की गुंजाइश रहती है। सबसे ज़्यादा कंजूसी से किया गया अनुमान उनके मुनाफ़े को 1100 रुपये प्रति मानक बोरा आँकता है। (पार्टी को 120 रुपये प्रति बोरा 'लेवी' देने के बाद)। इस हिसाब से भी एक छोटा ठेकेदार (1500 बोरे) एक मौसम में 16 लाख रुपये और बड़ा ठेकेदार (5 हज़ार बोरे) 55 लाख रुपये तक का मुनाफ़ा कमा लेता है। ज़्यादा सही अनुमान इस रक़म का कई गुना होगा। इस बीच 'आन्तरिक सुरक्षा को गम्भीरतम ख़तरा' बस इतना कमाता है कि अगले मौसम तक ज़िन्दा रह सके।

हमारी बातचीत थोड़ी-सी हँसी-ठट्ठे और जनमुक्ति छापामार सेना एक युवक कॉमरेड नीलेश को देखकर रुक जाती है, जो अपने शरीर को थपथपाता हुआ तेज़ी से खाना पकाने की जगह की तरफ़ आ रहा है। जब वह पास आता तो मैं देखता हूँ कि वह एक पत्ते में ग़ुस्सायी हुई लाल चींटियों का खोंता लिये हुए है जो उसके बदन पर रेंग कर चढ़ गयी हैं और उसे काट रही

हैं। नीलेश भी हँस रहा है। ''क्या आपने चींटी की चटनी खायी है।'' कॉमरेड वेणु मुझसे पूछते हैं। मैं केरल में बिताये बचपन के कारण लाल चींटियों से भली-भाँति परिचित हूँ। मुझे भी उन्होंने काटा है, लेकिन मैंने उन्हें कभी खाया नहीं। (चटनी स्वाद बनती है, खट्टी, उसमें काफ़ी मात्रा में फ़ोलिक ऐसिड है।)

नीलेश बीजापुर का रहने वाला है जो सल्वा जुडुम की कार्रवाईयों के केन्द्र में है। नीलेश का छोटा भाई सल्वा जुडुम की लूट-मार और आगज़नी के अभियानों में से एक के दौरान उसमें शामिल हो गया था और विशेष पुलिस अफ़सर (एस.पी.ओ.) बना दिया गया था। वह बासगुडा शिविर में अपनी माँ के साथ रहता है। उसके पिता ने वापस गाँव में जाकर रहने से इनकार कर दिया। दरअसल वह पुश्तैनी झगड़ा है। बाद में जब मुझे नीलेश से बात करने का मौका मिला तो मैंने नीलेश से पूछा कि उसके भाई ने ऐसा क्यों किया था। ''वह बहुत छोटा था,' नीलेश ने कहा, 'उसे बेलगाम ज़िन्दगी जीने और लोगों को तकलीफ़ पहुँचाने और घरों को जलाने का मौक़ा मिला। वह पगला गया और उसने भयानक काम किये। अब वह फँस गया है। वह कभी गाँव वापस नहीं आ सकता। उसे कभी माफ़ नहीं किया जायेगा। वह इस बात को जानता है।'

■

हम इतिहास के सबक़ की तरफ़ लौट आते हैं। पार्टी का अगला बड़ा संघर्ष, कॉमरेड वेणु बताते हैं, बल्लारपुर पेपर मिल के ख़िलाफ़

था। सरकार ने थापर घराने को 45 साल के लिए भारी अनुदान वाली क़ीमतों पर 1.5 लाख टन बाँस निकालने का ठेका दे रखा था। (बॉक्साइट की तुलना में रत्ती भर, फिर भी)। आदिवासियों को एक बण्डल के लिए दस पैसे दिये जाते थे। जिसमें बाँस की 20 फुनगियाँ होती थीं। (मैं इस असभ्य लालच में नहीं पड़ूँगी कि इसकी तुलना उस मुनाफ़े से करूँ, जो थापर कमा रहे थे।) एक लम्बे आन्दोलन, हड़ताल और उसके बाद जनता की मौजूदगी में काग़ज़ के कारख़ाने के अधिकारियों से हुई वार्ताओं के बाद क़ीमत तिगुनी हो गयी : 30 पैसे प्रति बण्डल। आदिवासियों के लिए यह भारी उपलब्धियाँ थीं। दूसरे राजनैतिक दलों ने वादे किये थे, लेकिन उन्हें निभाने का कोई संकेत नहीं दिया था। लोग यह पूछने के लिए पीपुल्स वॉर ग्रुप से सम्पर्क करने लगे कि क्या वे शामिल हो सकते थे।

लेकिन तेन्दू, बाँस और दूसरी वन्य उपज की राजनीति मौसमी थी। स्थायी सिर-दर्द, जनता की मुसीबत का असली कारण, तो सबसे बड़ा ज़मींदार, यानी वन विभाग था। हर सुबह वन विभाग के अधिकारी, उनमें से सबसे छोटे-से-छोटे भी, किसी दुःस्वप्न की तरह लोगों को अपने खेत जोतने, जलावन इकट्ठा करने, पत्ते तोड़ने, फल चुनने, मवेशी चराने, यों कहें कि जीने से रोकते हुए, गाँव में प्रकट होते थे। वे खेतों को रौंदने के लिए हाथी लाते और गुज़रते समय मिट्टी को नष्ट करने के लिए बबूल के बीज छींटते जाते। लोग पीटे जाते, हिरासत में लिये जाते, अपमानित किये जाते, उनकी फ़सलें तबाह कर दी जातीं। अलबत्ता, वन

विभाग के अधिकारियों के नज़रिये से ये ग़ैर-क़ानूनी लोग थे जो असंवैधानिक गतिविधियों में लिप्त थे और वन विभाग सिर्फ़ क़ानूनी नियम लागू कर रहा था। (औरतों का यौन शोषण तो ऐसी तकलीफ़देह तैनाती के लिए भत्ते की तरह था।)

इन पिछले संघर्षों में जनता की भागीदारी से साहस जुटा कर पार्टी ने वन विभाग का सामना करने का फ़ैसला किया। उसने लोगों को वन भूमि पर क़ब्ज़ा करके उस पर खेती करने के लिए प्रोत्साहित किया। वन विभाग ने वन-क्षेत्र में बसने वाले नये गाँवों को जला कर जवाबी कार्रवाई की। 1986 में उसने बीजापुर में राष्ट्रीय उद्यान की घोषणा की, जिसका मतलब 60 गाँवों को उजाड़ना था। उनमें से आधे से ज़्यादा हटाये भी जा चुके थे और राष्ट्रीय उद्यान के ढाँचे का निर्माण शुरू भी हो चुका था जब पार्टी ने प्रवेश किया। उसने निर्माण-कार्य ध्वस्त कर दिया और बाक़ी गाँवों की बेदख़ली रोक दी। उसने इलाक़े में वन विभाग के घुसने पर पाबन्दी लगा दी। कुछ मौक़ों पर अधिकारी पकड़े गये और पेड़ों से बाँध कर गाँववासियों द्वारा पीटे गये। यह पीढ़ियों से चले आ रहे भयानक शोषण का राहत-दिलाऊ प्रतिशोध था। अन्ततः वन विभाग भाग खड़ा हुआ। 1986 से 2000 के बीच पार्टी ने 3,00,000 एकड़ वन्य भूमि पुनर्वितरित की। आज, कॉमरेड वेणु बताते हैं, दण्डकारण्य में कोई भूमिहीन किसान नहीं है।

आज के युवा लोगों की पीढ़ी के लिए वन विभाग सुदूर स्मृति का हिस्सा बन चुका है, उन कहानियों की सामग्री है, जो

बँधुआगिरी और अपमान के पौराणिक अतीत के बारे में माँएँ अपने बच्चों को सुनाती हैं। बड़े-बूढ़ों की पीढ़ी के लिए वन विभाग से मुक्ति का मतलब असली आज़ादी था। वे उसे छू सकते थे, चख सकते थे। इसका मतलब भारत की स्वतंत्रता के अर्थ से कहीं ज़्यादा था। वे इस पार्टी के इर्द-गिर्द जुटने लगे जिसने उनके साथ संघर्ष किया था।

सात जत्थों वाला दल एक लम्बा रास्ता पार कर आया था। उसका प्रभाव अब 60 हज़ार वर्ग किलोमीटर की वन्य भूमि में फैला था, हज़ारों गाँव और लाखों-करोड़ों लोग।

लेकिन वन विभाग की विदाई ने पुलिस के आगमन का ऐलान किया। इससे ख़ून-ख़राबे का दौर चालू हो गया। पुलिस द्वारा नक़ली मुठभेड़ें। पीपुल्स वॉर ग्रुप द्वारा घात लगा कर हमले। भूमि के पुनर्वितरण के साथ दूसरी ज़िम्मेदारियाँ भी आयीं सिंचाई, कृषि की उपज की वृद्धि और बढ़ती हुई आबादी की समस्या जो मनमाने ढंग से वन्य भूमि को साफ़ कर रही थी। 'जनता के काम' और 'सेना के काम' को अलग-अलग करने का फ़ैसला किया गया।

आज दण्डकारण्य का प्रशासन 'जनताना सरकारों' जनता सरकारों के विस्तृत ढाँचे के माध्यम से चलाया जाता है। इसके सांगठनिक सिद्धान्त चीनी क्रान्ति और वियतनाम युद्ध की देन हैं। हर जनताना सरकार को गाँवों के एक समूह द्वारा चुना जाता है, जिनकी कुल आबादी 500 से 5000 तक हो सकती है। उसके नौ विभाग हैं कृषि, व्यापार-उद्योग, आर्थिक, न्याय, रक्षा, हस्पताल,

जन-सम्पर्क, स्कूल-रीति-रिवाज और जंगल। जनताना सरकारों के एक समूह के ऊपर एक क्षेत्रीय समिति होती है। तीन क्षेत्रीय समितियों को मिला कर एक मण्डल बनता है। दण्डकारण्य में दस मण्डल हैं।

'हमारे पास एक जंगल बचाओ विभाग है।' कॉमरेड वेणु कहते हैं, 'आपने वह सरकारी रिपोर्ट तो पढ़ी होगी जो बताती है कि नक्सल इलाक़ों में जंगल का क्षेत्र बढ़ गया है।'

विडम्बना यह है, कॉमरेड वेणु कहते हैं, वन विभाग के ख़िलाफ़ पार्टी के अभियान से लाभान्वित होने वाले पहले-पहले लोगों में गाँव के मुखिया थे द्विजों की टोली। उन्होंने बहती गंगा में हाथ धोते हुए भरसक ज़्यादा-से-ज़्यादा भूमि पर क़ब्ज़ा कर लेने के लिए अपने लोगों और संसाधनों का इस्तेमाल किया। लेकिन फिर लोग अपने 'आन्तरिक अन्तर्विरोधों' को लेकर पार्टी से सम्पर्क करने लगे, जैसा कि कॉमरेड वेणु उसे अनोखे ढंग से व्यक्त करते हैं, और पार्टी ने अपना ध्यान आदिवासी समाज के *अन्दर* निष्पक्षता, वर्गीय संरचना और अन्याय के विषय की तरफ़ केन्द्रित करना शुरू किया। बड़े ज़मींदारों ने क्षितिज पर उमड़ते तूफ़ानों के आसार भाँप लिये। पार्टी के प्रभाव के बढ़ने के साथ उनका प्रभाव घटने लगा था। ज़्यादा-से-ज़्यादा तादाद में लोग अपनी समस्याओं को लेकर मुखियाओं के पास जाने की बजाय पार्टी के पास जा रहे थे। शोषण के पुराने रूपों को चुनौती दी जाने लगी। वर्षा के पहले दिन परम्परागत रूप से लोग अपने खेतों की बजाय मुखियाओं के खेतों को जोता करते थे। यह बन्द हो गया। वे अब मुखियाओं को महुए या वन की दूसरी उपज की पहली-पहली खेप नहीं पेश

जनताना सरकार का झंडा

आज दण्डकारण्य का प्रशासन 'जनताना सरकारों'—जनताना सरकारों—के विस्तृत ढाँचे के माध्यम से चलाया जाता है। हर जनताना सरकार को गाँवों के एक समूह द्वारा चुना जाता है, जिनकी कुल आबादी 500 से 5000 तक हो सकती है। उसके नौ विभाग हैं। कॉमरेड वेणु ने कहा—'हमारे पास एक जंगल बचाओ विभाग है।'

कॉमरेड कमला जनताना सरकार के खेत दिखाती हुई

यह अभी एक विकल्प नहीं बल्कि—यह बन्दूक के बल पर ग्राम स्वराज का आइडिया है। यहाँ बहुत ज़्यादा भूख है, बहुत ज़्यादा बीमारी। लेकिन उसने विकल्प की सम्भावनाएँ तो निश्चय ही पैदा कर दी हैं। सारी दुनिया के लिए नहीं, न अलास्का के लिए न नयी दिल्ली, यहाँ तक कि शायद समूचे छत्तीसगढ़ के लिए भी नहीं, बल्कि ख़ुद अपने लिए। दण्डकारण्य के लिए।

करते थे। स्वाभाविक रूप से कुछ करने की ज़रूरत थी।

यहीं इलाक़े के सबसे बड़े ज़मींदारों में से एक, और उस समय भारतीय कम्युनिस्ट पार्टी के सदस्य, महेन्द्र करमा का प्रवेश हुआ। 1990 में उसने मुखियाओं और ज़मींदारों के एक समूह को इकट्ठा किया और 'जनजागरण अभियान' के नाम से एक मुहिम शुरू की। 'जनता' को 'जागरूक' करने का उनका तरीक़ा था जंगल को छानने के लिए लगभग तीन सौ लोगों का एक शिकारी दल गठित करके लोगों को मारना, घरों को जलाना, औरतों से बलात्कार करना। तत्कालीन मध्य प्रदेश सरकार ने (छत्तीसगढ़ अभी बना नहीं था) पुलिस समर्थन जुटाया। महाराष्ट्रें इसी से मिलते-जुलते 'लोकतांत्रिक मोर्चे' ने अपना आक्रमण शुरू किया। पीपुल्स वॉर ग्रुप ने इसका जवाब सच्ची पीपुल्स वॉर ग्रुप शैली में कुछ बहुत ही बदनाम ज़मींदारों को मारकर दिया। कुछ ही महीनों में 'जनजागरण अभियान' कॉमरेड वेणु के शब्दों में 'सफ़ेद आतंक' विलीन हो गया। 1998 में महेन्द्र करमा ने, जो तब तक काँग्रेस पार्टी में शामिल हो चुका था 'जनजागरण अभियान' में नयी जान फूँकने की कोशिश की। इस बार उसकी हवा पहले की तुलना में और भी तेज़ी से निकल गयी।

फिर 2005 की गर्मियों में क़िस्मत उस पर मेहरबान हो गयी। अप्रैल में छत्तीसगढ़ में भाजपा सरकार ने सकल इस्पात के कारख़ाने लगाने के लिए दो क़रारनामों पर हस्ताक्षर किये (जिनकी शर्तें गुप्त हैं)। एक क़रारनामा बैलाडीला में एस्सार स्टील के साथ 7,000 करोड़ का था और दूसरा लोहण्डीगुडा में टाटा

स्टील के साथ 10,000 करोड़ का। उसी महीने में प्रधानमंत्री मनमोहन सिंह ने 'माओवादियों को भारत की आन्तरिक सुरक्षा के लिए गम्भीरतम ख़तरा' बताने वाला अपना मशहूर बयान दिया।[5] (उस समय यह कहना बहुत अजीब था, क्योंकि इसका उलट सही था। आन्ध्र प्रदेश में काँग्रेस की सरकार ने अभी-अभी माओवादियों का सफ़ाया करके उन्हें नेस्तनाबूद कर दिया था। वे अपने कार्यकर्ताओं में से लगभग 1600 गँवा बैठे थे और बुरी तरह अस्त-व्यस्त थे।) प्रधानमंत्री के बयान से खनन कम्पनियों के शेयरों में भारी उछाल आया। इसने मीडिया को यह भी संकेत दिया कि जो कोई भी चाहे, उसके लिए माओवादी आसान शिकार थे। जून 2005 में महेन्द्र करमा ने कुटरू गाँव में मुखियाओं की एक गुप्त सभा बुलायी और सल्वा जुडुम (पावनकारी आखेट) का ऐलान किया। आदिवासी देसीपन और द्विज/नाज़ी भावना की एक सुन्दर खिचड़ी।

'जन-जागरण अभियान' के विपरीत सल्वा जुडुम ज़मीनी-सफ़ाई की कार्रवाई थी, जिसका उद्देश्य लोगों को उनके गाँवों से हटा कर सड़क किनारे के शिविरों में ले जाना था जहाँ वे पुलिस की निगरानी में रहें और उन्हें नियंत्रित किया जा सके। सैनिक शब्दावली में इसे रणनीतिक ग्रामीणीकरण कहते हैं। इसकी ईजाद जेनरल सर हैरल्ड ब्रिग्स ने 1950 में की थी जब मलाया में कम्युनिस्टों के ख़िलाफ़ अंग्रेज़ों ने युद्ध छेड़ रखा था। ब्रिग्स योजना भारतीय सेना में बड़ी लोकप्रिय हुई, जिसने उसे नागालैण्ड, मिज़ोरम और तेलंगाना में इस्तेमाल किया है।

छत्तीसगढ़ में भाजपा के मुख्य मंत्री रमण सिंह ने घोषणा की कि जहाँ तक उनकी सरकार का सम्बन्ध था, जो गाँववाले पुलिस शिविरों में नहीं जायेंगे, वे माओवादी समझे जायेंगे। इसलिए बस्तर में किसी आम गाँववासी के लिए घर पर रहना, साधारण जीवन जीना, ख़तरनाक आतंकवादी गतिविधि में संलग्न होने के बराबर ठहराया जाने लगा।

विशेष सत्कार के तौर पर लोहे के प्याले में काली चाय के साथ कोई मुझे एक जोड़ा ईयर फ़ोन देता है और एक छोटा-सा एमपी-3 प्लेयर चालू कर देता है। यह एक खरखराती हुई रिकॉर्डिंग है जिसमें बस्तर के तत्कालीन पुलिस अधीक्षक डी. एस. मनहर एक छोटे अफ़सर को बेतार से उन पुरस्कारों और प्रोत्साहनों के बारे में बता रहे हैं जो केन्द्रीय और राज्य सरकारें 'जागृत' गाँवों को और उन लोगों को दे रही हैं जो शिविरों में जाने को तैयार हैं। वे फिर स्पष्ट निर्देश देते हैं कि जो गाँव 'समर्पण' करने से इनकार करें, उन्हें जला दिया जाये और जो पत्रकार नक्सलवादियों की ख़बरें इकट्ठी करना चाहें, उन्हें देखते ही गोली मार दी जाये। (मैंने इसके बारे में बहुत पहले अख़बारों में पढ़ा था। जब इस ख़बर का भण्डाफोड़ हुआ, पुलिस अधीक्षक का तबादला बतौर सज़ा यह साफ़ नहीं है कि किसे देने के लिए राज्य के मानवाधिकार आयोग में कर दिया गया।)

सल्वा जुडुम की घोषणा जून 2005 में अम्बेली नामक गाँव में गाँव के मुखियाओं की बैठक के दौरान की गयी। जून से दिसम्बर 2005 के बीच वह दक्षिणी दन्तेवाड़ा के सैकड़ों गाँवों को

जलाता, लूटता, वहाँ मार-काट और बलात्कार का क़हर बरपा करता चला गया। उसकी कार्रवाइयों का केन्द्र बैलाडीला के नज़दीक, बीजापुर और भैरमगढ़ ब्लॉक थे, जहाँ एस्सार स्टील का नया कारख़ाना स्थापित करने का प्रस्ताव था। यह संयोग नहीं था कि ये इलाक़े माओवादियों के गढ़ भी थे, जहाँ जनताना सरकारों ने बहुत काम किया था, ख़ास तौर पर जल-संचय के ढाँचे बनाने के सिलसिले में। जनताना सरकारें सल्वा जुडुम के हमलों का ख़ास निशाना बन गयीं। सैकड़ों लोग अत्यधिक पाशविक तरीक़ों से मार दिये गये। लगभग 60,000 लोग पुलिस शिविरों में चले गये, कुछ स्वेच्छा से, कुछ आतंकित हो कर। इनमें से लगभग 3000 को 1500 रुपये के वेतन पर विशेष पुलिस अधिकारी नियुक्त कर दिया गया।

इस रत्ती-बराबर फ़ायदे के लिए नीलेश के भाई जैसे युवा लोगों ने ख़ुद को कँटीली तारों के एक कारागार में आजीवन क़ैद की सज़ा दे दी है। अपनी क्रूरता के कारण वे इस भयावह युद्ध के सबसे अभागे शिकार साबित हो सकते हैं। सल्वा जुडुम को भंग करने वाला सर्वोच्च न्यायालय का कोई फ़ैसला भी उनकी नियति को नहीं बदल सकता।

बचे हुए लाखों लोग सरकारी ख़ुर्दबीन के बाहर चले गये। (लेकिन इन 644 गाँवों की विकास राशि नहीं गयी। उस छोटी-सी सोने की खदान का क्या हुआ?) उनमें से बहुत-से लोग आन्ध्र-प्रदेश और उड़ीसा की तरफ़ खिसक लिये, जहाँ वे आम तौर पर मिर्ची चुनने के मौसम में दिहाड़ी मज़दूरों की तरह प्रवासी

बन कर जाया करते थे। लेकिन दसियों हज़ारों ने जंगल में शरण ली, जहाँ वे अब भी रहते हैं, बेआसरा जीते हुए, सिर्फ़ दिन के समय अपने खेतों और घरों में वापस आते हुए।

सल्वा जुडुम द्वारा अपने पीछे छोड़े गये झुलसे हुए पथ पर पुलिस थानों और शिविरों का एक झुण्ड बढ़ता चला आया। इरादा था कि माओवादियों द्वारा नियंत्रित इलाक़े पर 'रेंगते हुए फिर से क़ब्ज़ा करने' की ख़ातिर ज़मीनी सुरक्षा प्रदान की जाये। अनुमान यह था कि सुरक्षा बलों की इतनी घनी उपस्थिति पर माओवादी हमला करने की जुर्रत नहीं करेंगे। अपने तईं माओवादियो ने यह महसूस किया कि अगर वे इस ज़मीनी सुरक्षा को नहीं तोड़ते तो यह उन लोगों का साथ छोड़ने के बराबर होगा जिनका भरोसा उन्होंने जीता था और जिनके साथ पिछले पच्चीस साल से वे रहते और काम करते आ रहे थे। उन्होंने सिलसिलेवार हमलों द्वारा सुरक्षा-जाल के हृदय पर जवाबी चोट की।

26 जनवरी, 2006 को जनमुक्ति छापामार सेना ने गंगालौर पुलिस शिविर पर हमला किया और सात लोगों को मार डाला। 17 जुलाई, 2006 को एराबोर के सल्वा जुडुम शिविर पर हमला किया गया, 20 लोग मारे गये और 150 घायल हुए (आपने शायद इसके बारे में कुछ इस तरह की ख़बर पढ़ी हो 'माओवादियों ने उस राहत शिविर पर हमला किया जो राज्य सरकार ने उन गाँववालों को आसरा देने के लिए स्थापित किया था जो नक्सलवादियों द्वारा बरपा किये गये आतंक के कारण अपने गाँवों से भाग निकले थे') 13 दिसम्बर, 2006 को उन्होंने बासागुडा 'राहत' शिविर पर

हमला किया और तीन विशेष पुलिस अधिकारियों और पुलिस के एक सिपाही को मार दिया। 15 मार्च, 2007 को इनमें से सबसे दुस्साहसिक हमला किया गया। जनमुक्ति सेना के 120 छापामारों ने लड़कियों के एक छात्रावास, रानी बोडिली कन्या आश्रम पर हमला किया जिसे छत्तीसगढ़ के 80 पुलिसवालों (और विशेष पुलिस अधिकारियों) के आवास में तब्दील कर दिया गया था, जबकि लड़कियाँ तब भी मानवीय ढालों के रूप में उसमें रहती थीं। जनमुक्ति छापामार सेना अहाते में दाख़िल हुई, उसने उस परिसर को घेरा डाल कर अलग-थलग कर दिया जिसमें लड़कियाँ रहती थीं और बैरकों पर हमला कर दिया। 55 पुलिस वाले और विशेष पुलिस अधिकारी मारे गये। एक भी लड़की को चोट नहीं आयी। (दन्तेवाड़ा के साफ़गो पुलिस अधीक्षक ने मुझे अपना कम्प्यूटरीकृत प्रस्तुतीकरण दिखाया था जिसमें उड़ायी गयी स्कूली इमारत के खँडहरों के बीच पुलिसवालों के जले हुए कटे-फटे शवों के फ़ोटो भी थे। वे इतने भयानक और जुगुप्सा पैदा करने वाले थे कि नज़रें न हटाना असम्भव था। मेरी प्रतिक्रिया पर वह प्रसन्न दिखा था।)

रानी बोडिली कन्या आश्रम पर किये गये विस्फोट ने देश में हंगामा बरपा कर दिया। मानवाधिकार संस्थाओं ने न सिर्फ़ हिंसा के लिए माओवादियों की भर्त्सना की, बल्कि शिक्षा-विरोधी होने और स्कूलों पर हमला करने के लिए भी। लेकिन दण्डकारण्य में रानी बोडिली वाला हमला एक गाथा बन गया : उसके बारे में गीत और कविताएँ और नाटक लिखे गये।

माओवादियों का जवाबी हमला ज़मीनी सुरक्षा को तोड़ने में

सफल रहा और लोगों को साँस लेने की मोहलत मिली। पुलिस और सल्वा जुडुम के लोग अपने शिविरों में लौट गये जहाँ से वे अब आम तौर पर सिर्फ़ रात के सन्नाटे में 300 या 1000 के समूहों में गाँवों में घेरेबन्दी और ढुँढाई की कार्रवाइयाँ करने के लिए बाहर आते हैं। धीरे-धीरे विशेष पुलिस अधिकारियों और उनके परिवारों को छोड़कर सल्वा जुडुम के शिविरों के बाक़ी लोग अपने-अपने गाँवों को लौटने लगे। माओवादियों ने उनकी वापसी का स्वागत किया और घोषणा की कि विशेष पुलिस अधिकारी भी वापस आ सकते थे : बशर्ते वे सच्चे मन से और सार्वजनिक तौर पर अपने कदमों के लिए पश्चाताप करें। युवा लोग झुण्ड-के-झुण्ड 'जनमुक्ति छापामार सेना' में शामिल होने लगे। (जनमुक्ति छापामार सेना औपचारिक रूप से दिसम्बर 2000 में गठित हुई थी। पिछले तीस वर्षों में उसके हथियारबन्द जत्थे ने बहुत धीरे-धीरे बढ़ कर खण्डों का रूप ले लिया था, खण्ड बढ़ कर दस्ते बने थे और दस्ते कम्पनियों में तब्दील हुए थे। लेकिन सल्वा जुडुम की लूट-मार के बाद जनमुक्ति छापामार सेना बड़ी जल्दी ही अपने को वाहिनी के बराबर घोषित करने के क़ाबिल हो गयी। यह पूरी तरह स्वैच्छिक सेना है। किसी को वेतन नहीं दिया जाता।)

सल्वा जुडुम नाकाम ही नहीं हुआ था, उसने बुरी तरह मुँह की खायी थी।

जैसा कि हम अब जानते हैं, वह किसी छोटे-मोटे गुण्डे की स्थानीय कार्रवाई भर नहीं था। प्रेस में दुमुँहेपन के बावजूद, सल्वा जुडुम छत्तीसगढ़ की राज्य सरकार और केन्द्र में सत्तासीन

काँग्रेस पार्टी का संयुक्त अभियान था। उसे नाकाम होने नहीं दिया जा सकता था। ऐसी हालत में तो बिलकुल नहीं जब वे सारे-के-सारे क़रारनामे शादी के बाज़ार में कुम्हलाते उम्मीदवारों की तरह प्रतीक्षारत थे। सरकार पर कोई नयी तरकीब ईजाद करने के लिए बेतहाशा दबाव था। सरकार ने ऑपरेशन ग्रीन हण्ट पेश किया। सल्वा जुडुम के विशेष पुलिस अधिकारियों को अब कोया कमाण्डो कहा जाता है। कोया कमाण्डो के अलावा सरकार ने छत्तीसगढ़ सशस्त्र बल, केन्द्रीय रिज़र्व पुलिस बल, सीमा सुरक्षा बल, भारत-तिब्बत सीमा पुलिस, केन्द्रीय औद्योगिक सुरक्षा बल, ग्रेहाउण्ड, स्कॉर्पियन, कोबरा तैनात किये हैं। और एक नीति, जिसे प्यार से हृदय और मन जीतना कहा जाता है।

महत्वपूर्ण युद्ध अनपेक्षित स्थानों पर लड़े जाते हैं। खुले बाज़ार के पूँजीवाद ने सोवियत कम्युनिज़्म को अफ़ग़ानिस्तान की धूसर पहाड़ियों में शिकस्त दी थी। यहाँ दन्तेवाड़ा के जंगलों में हिन्दुस्तान की आत्मा के लिए एक सिर-धड़ की लड़ाई चल रही है। भारतीय लोकतंत्र के गहराते संकट और बड़े व्यापारिक निगमों, प्रमुख राजनैतिक दलों और सुरक्षा-व्यवस्था के आपसी गँठजोड़ के बारे में बहुत कहा जा चुका है। लेकिन अगर कोई तुरत-फुरत मूल्यांकन करना चाहे तो उसे दन्तेवाड़ा जाना चाहिए।

राज्य कृषि सम्बन्धों और भूमि सुधारों के अधूरे कार्य के बारे में एक मसविदा रिपोर्ट (भाग-1) में कहा गया है कि टाटा स्टील और एस्सार स्टील सल्वा जुडुम के पहले साहूकारों में से थे। क्योंकि वह एक सरकारी रिपोर्ट थी इसलिए जब वह

अख़बारों में छपी तो उसने हलचल पैदा कर दी। (यह तथ्य बाद में चलकर अन्तिम रिपोर्ट से हटा दिया गया है। क्या वाक़ई भूल से या फिर सकल इस्पाती पंजे ने किसी के कन्धे को हल्के से थपथपाया था?)[6]

12 अक्टूबर, 2009 को टाटा के इस्पात कारख़ाने के लिए अनिवार्य जन सुनवाई, जिसे लोहण्डीगुडा में होना था जहाँ स्थानीय जनता आ सकती थी, वास्तव में मीलों दूर जगदलपुर के ज़िलाधिकारी कार्यालय के भीतर एक छोटे-से सभागार में भारी सुरक्षा के घेरे में हुई। भाड़े पर 50 आदिवासियों के एक समूह को बतौर दर्शक, बस्तर से सरकारी जीपों के सुरक्षित काफ़िले में लाया गया। बैठक के बाद ज़िलाधिकारी ने लोहण्डीगुडा की जनता को उसके सहयोग के लिए बधाई दी। स्थानीय अख़बारों ने इस झूठ को छापा, हालाँकि वे असलियत से वाक़िफ़ थे। (धड़ाधड़ विज्ञापन जो मिलने लगे।) गाँववालों के प्रतिवाद के बावजूद, परियोजना के लिए भूमि अधिग्रहण शुरू हो चुका है।

अकेले माओवादी ही नहीं हैं जो भारतीय राजतंत्र का तख़्ता पलटना चाहते हैं। उसका पहले भी कई बार तख़्ता-पलट हो चुका है। हिन्दू कट्टरतावाद और आर्थिक अधिनायकवाद द्वारा।

दन्तेवाड़ा से कार द्वारा पाँच घण्टे की दूरी पर मौजूद लोहण्डीगुडा कभी नक्सलवादी इलाक़ा नहीं था। मगर अब है। कॉमरेड जूरी, जो मेरी बग़ल में बैठी थी जब मैं चींटियों की चटनी खा रही थी, उस इलाक़े में काम करती है। उसने कहा कि उन्होंने वहाँ जाने का फ़ैसला तब लिया जब गाँव के घरों की दीवारों

पर यह लिखा मिलने लगा कि *'नक्सली आओ, हमें बचाओ।'* कुछ महीने पहले गाँव पंचायत प्रमुख विमल मेश्राम को बाज़ार में गोली मार दी गयी। "वह टाटा का आदमी था," जूरी कहती है, "वह लोगों को अपनी ज़मीन देने और मुआवज़ा लेने पर मजबूर कर रहा था। अच्छा है जो वह ख़त्म हो गया। हमने भी एक कॉमरेड गँवा दिया। उन्होंने उसे गोली मार दी। आपको और *चपोली* चाहिए?' वह सिर्फ़ बीस साल की है। "हम टाटा को यहाँ आने नहीं देंगे। लोग उन्हें नहीं चाहते हैं।" जूरी जनमुक्ति छापामार सेना में नहीं है। वह पार्टी के सांस्कृतिक खण्ड 'चेतना नाट्य मंच' में है। वह गाती है, गीत लिखती है। वह अबूझमाड़ से है। वह कॉमरेड माधव से विवाहित है। वह कॉमरेड माधव के गाने पर रीझ गयी थी जब वह चेतना नाट्य मंच की एक मण्डली के साथ जूरी के गाँव गया था।)

मुझे महसूस होता है मुझे इस मुक़ाम पर कुछ कहना चाहिए। हिंसा की निरर्थकता के बारे में, तुरत-फुरत मृत्यु-दण्ड देने की अस्वीकार्यता के बारे में। लेकिन मैं क्या सुझाऊँ कि वे क्या करें? अदालत में जायें? दिल्ली में जन्तर-मन्तर पर धरना दें? जुलूस निकालें? क्रमिक अनशन पर बैठें? सुनने में हास्यास्पद लगता है। नयी आर्थिक नीति के ढिंढोरचियों को जिन्हें 'कोई विकल्प नहीं है' कहना आसान जान पड़ता है एक वैकल्पिक प्रतिरोध नीति सुझाने के लिए कहा जाना चाहिए। एक विशेष नीति, इस विशिष्ट वन में इन विशिष्ट लोगों को। यहाँ। अभी। किस पार्टी के लिए वे मतदान करें? किस लोकतांत्रिक संस्था से

वे गुज़ारिश करें? नर्मदा पर बड़े बाँधों के ख़िलाफ़ बरसों-बरसों संघर्ष करने के दौरान कौन-सा दरवाज़ा था जो नर्मदा बचाओ आन्दोलन ने नहीं खटखटाया था?

■

अँधेरा है। शिविर में ढेर सारी गतिविधि हो रही है, लेकिन मैं कुछ नहीं देख पा रही। बस रोशनी के इधर-उधर चलते-फिरते बिन्दु। यह बताना मुश्किल है कि वे तारे हैं या जुगनू या चलते हुए माओवादी। नन्हा मँगतू शून्य से प्रकट होता है। मैंने पता लगा लिया था कि वह दस बच्चों के दल का सदस्य है जो युवा कम्युनिस्टों के सचल स्कूल की पहली खेप का हिस्सा हैं जिन्हें पढ़ना-लिखना सिखाया जा रहा है और साम्यवाद के बुनियादी सिद्धान्तों में दीक्षित भी किया जा रहा है। ('कच्चे दिमाग़ों में विचार ठूँसना,' हमारा कॉरपोरेट मीडिया चीख़ता है। टीवी के जो विज्ञापन बच्चों के सोचने लायक़ होने से पहले ही उन पर विचार लादने लगते हैं, उन्हें विचार ठूँसने के माध्यमों के रूप में नहीं देखा जाता।) युवा कम्युनिस्टों को बन्दूकें ले कर चलने या वर्दी पहनने की इजाज़त नहीं है। लेकिन वे झिलमिलाती आँखें लिये, जनमुक्ति छापामार सेना के जत्थों का पीछा करते हैं, फ़िल्मी अभिनेताओं के प्रशंसकों की तरह।

मँगतू ने बड़ी कोमल-सी अधिकार- भावना के साथ मुझे अपना लिया है। उसने मेरी पानी की बोतल भर दी है और कहा है कि मैं अपना सामान बाँध लूँ। एक सीटी बजती है। नीली

झिल्ली का तम्बू उतार कर पाँच मिनट के भीतर तहा लिया जाता है। एक और सीटी और सभी सौ-के-सौ कॉमरेड क़तार में खड़े हो जाते हैं। पाँच क़तारें। कॉमरेड राजू कार्रवाई निर्देशक हैं। हाज़िरी लगती है। मैं भी क़तार में हूँ और जब कॉमरेड कमला जो मेरे आगे खड़ी है मुझे याद दिलाती है, अपनी संख्या पुकार कर बताती हूँ। (हम बीस तक गिनते हैं और फिर एक से शुरू करते हैं, क्योंकि ज़्यादातर गोंड वहीं तक गिन पाते हैं। उनके लिए बीस काफ़ी है। हमारे लिए भी शायद होना चाहिए।) चन्दू अब वर्दी में है और स्टेनगन लिये हुए है। धीमी आवाज़ में कॉमरेड राजू दल को हिदायतें दे रहे हैं। सब गोंडी में है, मुझे कुछ भी समझ में नहीं आता, लेकिन मैं लगातार 'आर-वी' का शब्द सुनती रहती हूँ। बाद में राजू मुझे बताते हैं कि 'आर-वी' का मतलब है राँदेवू (मिलन-स्थल)। यह अब गोंडी शब्द बन चुका है। 'हम आर-वी के स्थान तय कर लेते हैं ताकि अगर हम पर गोलियाँ चलने लगें और लोगों को तितर-बितर होना पड़े तो उन्हें पता हो कि उन्हें फिर से कहाँ इकट्ठा होना है।' वे किसी भी हालत में यह नहीं जान सकते कि यह बात मुझे किस तरह की घबराहट से भर देती है, इसलिए नहीं कि मैं अपने ऊपर गोलियाँ चलाये जाने से डरती हूँ, बल्कि इसलिए कि मैं खो जाने से भयभीत हूँ। मैं दिशा-भ्रम की मारी हूँ, अपने सोने के कमरे और ग़ुसलख़ाने के बीच भटक जाने के क़ाबिल हूँ। 60,000 वर्ग किलोमीटर के जंगल में क्या कर पाऊँगी मैं? ओले पड़ें या गोलियाँ चलें, मैं कॉमरेड राजू का पल्लू नहीं छोड़ने वाली।

विश्राम

दण्डकारण्य ऐसे लोगों से भरा हुआ था, जिनके कई नाम थे और पानी पर लिखी पहचानें। मेरे लिए यह मलहम सरीखा था, यह विचार। कितना उम्दा है हर वक़्त अपने साथ चिपके न रहना, कुछ देर के लिए कोई और बन जाता।

कथा वचन
मुझे महसूस होता है मुझे इस मुक़ाम पर कुछ कहना चाहिए। हिंसा की निरर्थकता के बारे में, तुरत-फुरत मृत्यु-दण्ड देने की अस्वीकार्यता के बारे में। लेकिन मैं क्या सुझाऊँ कि वे क्या करें? अदालत में जायें? दिल्ली में जन्तर-मन्तर पर धरना दें? जुलूस निकालें? क्रमिक अनशन पर बैठें? किस पार्टी के लिए वे मतदान करें? किस लोकतान्त्रिक संस्था से वे गुज़ारिश करें?

हमारे चलने से पहले कॉमरेड वेणु मेरे पास आते हैं। "अच्छा तो कॉमरेड मैं चलूँगा अब।" मुझे धक्का-सा लगता है। वे ऊनी टोपी और चप्पलों में एक छोटे-से मच्छर जैसे लगते हैं, अपने अंगरक्षकों से घिरे हुए, तीन मर्द और तीन औरतें। पूरी तरह हथियारबन्द। "हम आपके बहुत आभारी हैं कॉमरेड कि आप इतनी दूर यहाँ आयीं," वे कहते हैं। एक बार फिर हाथ मिलाना, भिंची हुई मुट्ठी हिलाना। "लाल सलाम कॉमरेड।" वे जंगल में ग़ायब हो जाते हैं, कुंजियों के रखवाले। और पल भर में ऐसा लगता है कि वे कभी यहाँ थे ही नहीं। मैं थोड़ा ठगी-सी रह जाती हूँ। लेकिन मेरे पास सुनने के लिए कई घण्टों की रिकॉर्डिंग है। और जैसे-जैसे दिन हफ़्तों में बदलेंगे मैं बहुत-से लोगों से मिलूँगी जो उस रूप-रेखा में रंग और ब्योरे भरेंगे जो कॉमरेड वेणु ने मेरे लिए खींची थी। हम उलटी दिशा में चलना शुरू कर देते हैं। मील भर दूर से ही आयोडेक्स से महकते कॉमरेड राजू खिली हुई मुस्कान के साथ कहते हैं, "मेरे घुटने जवाब दे चुके हैं। मैं तभी चल पाता हूँ जब दर्द दूर करने वाली मुट्ठी भर गोलियाँ खा लूँ।"

कॉमरेड राजू निर्दोष हिन्दी बोलते हैं। उनमें मज़ाकिया-से-मज़ाकिया क़िस्सों को बिलकुल भावहीन चेहरे के साथ सुनाने की सिफ़त है। वे अट्ठारह साल तक रायपुर में वकील के तौर पर काम करते रहे। वे और उनकी पत्नी, मालती, दोनों पार्टी सदस्य और उसके शहरी संगठन का अंग थे। 2007 को अन्त में रायपुर के संगठन का एक महत्वपूर्ण सदस्य गिरफ़्तार कर लिया गया, उसे यातना दी गयी और वह मुख़बिर बन गया।

उसे पुलिस की बन्द गाड़ी में रायपुर में घुमाया गया और अपने भूतपूर्व सहकर्मियों को चिह्नित करने के लिए मजबूर किया गया। कॉमरेड मालती इनमें से एक थी। 22 जनवरी 2008 को उसे दूसरे कई लोगों के साथ गिरफ़्तार कर लिया गया। उसके ख़िलाफ़ मुख्य आरोप यही है कि उसने सल्वा जुडुम के अत्याचारों के विडियो सबूत वाली सीडियाँ अनेक संसद सदस्यों को डाक से भेजी थीं। उसका मुक़दमा बिरले ही सुनवाई के लिए पेश होता है, क्योंकि पुलिस जानती है कि उसका मामला कमज़ोर है। लेकिन नया 'छत्तीसगढ़ विशेष जन सुरक्षा अधिनियम' पुलिस को छूट देता है कि वह उसे बिना ज़मानत कई साल तक हिरासत में रखे। "अब सरकार ने छत्तीसगढ़ पुलिस की कई बटालियनें बेचारे संसद सदस्यों को अपनी डाक से बचाने के लिए तैनात कर दी हैं," कॉमरेड राजू कहते हैं। वे नहीं पकड़े गये, क्योंकि वे उस समय दण्डकारण्य में चल रही एक बैठक में भाग ले रहे थे। उसी समय से वे यहाँ हैं। उनके दो स्कूल जाने वाले बच्चों से, जो घर पर अकेले छूट गये थे, पुलिस ने सघन पूछ-ताछ की थी। अन्ततः उनका घर बन्द कर दिया गया और बच्चे एक चाचा के यहाँ रहने चले गये। कॉमरेड राजू को उनके बारे में पहली बार ख़बर अभी कुछ हफ़्ते पहले ही मिली। वह कौन-सी चीज़ है जो उन्हें अपने तीखे हास्य-व्यंग पर टिके रहने की यह क्षमता, यह ताक़त देती है? कौन-सी चीज़ है जो इन सबको वह सब कुछ सहने के बाद जो उन्होंने सहा है चालू रखती है? पार्टी में उनका भरोसा और प्यार। मैं उससे बार-बार सबसे गहरे, सबसे निजी तरीक़ों से रू-ब-रू होती हूँ।

■

हम अब इकहरी पाँत में चल रहे हैं। मैं और एक सौ, 'निरर्थक रूप से हिंसक,' ख़ून के प्यासे विद्रोही। चलने से पहले मैंने शिविर पर नज़र डाली थी। सिवा थोड़ी-सी राख के, जहाँ आग जलायी गयी थी, वहाँ कोई चिह्न नहीं था कि लगभग सौ लोगों ने यहाँ डेरा डाला था। मुझे इस फ़ौज पर विश्वास नहीं होता। जहाँ तक उपभोग का सवाल है, यह किसी भी गाँधीवादी से ज़्यादा गाँधीवादी है और किसी भी ऋतु-परिवर्तन-सुधारक से कम कार्बन प्रदूषण पैदा करने वाली। लेकिन फ़िलहाल तो, तोड़-फोड़ के प्रति भी इसका रवैया गाँधीवादी है। मिसाल के लिए, किसी भी पुलिस वाहन को जलाने से पहले उसे पूरी तरह खोल लिया जाता है और हर हिस्से का 'भक्षण' कर लिया जाता है। चक्के को सीधा करके राइफ़ल की नली बना ली जाती है, रेक्सीन की गद्दियाँ चीर कर गोलियों की थैलियाँ बनाने के काम में ले ली जाती हैं, बैटरी से सोलर सेल चार्ज किये जाते हैं। (हाई कमान से नये निर्देश हैं कि क़ब्ज़ा किये गये वाहन जलाये जाने की बजाय गाड़ दिये जायें। ताकि जब ज़रूरत हो, उन्हें पुनर्जीवित किया जा सके।)

मैं सोचती हूँ क्या मैं एक नाटक लिखूँ *गाँधी अपनी बन्दूक उठाओ*? या वे मुझे फाँसी देंगे?

हम घुप्प अँधेरे और एकदम सन्नाटे में चल रहे हैं। सिर्फ़ मैं ही टॉर्च इस्तेमाल कर रही हूँ, नीचे को झुकाये जिससे मुझे उसकी रोशनी के चकत्ते में कॉमरेड कमला की घिसी हुई काली

चप्पलों में उसकी एड़ियाँ नज़र आ रही हैं, मुझे दिखाती हुई कि मुझे पैर ठीक-ठीक कहाँ रखने हैं। वह मुझसे दस गुना ज़्यादा भार उठाये हुए है उसका पिट्ठू, राइफ़ल, सिर पर रसद की एक बड़ी-सी बोरी, बड़े पतीलों में से एक और कन्धों से लटके सब्ज़ियों से भरे हुए दो झोले। उसके सिर पर रखी बोरी बिलकुल सन्तुलित है और वह ढलानों और फिसलन-भरे चट्टानी रास्तों पर उसे छुए बग़ैर ही कूदती-फाँदती उतर सकती है। वह एक चमत्कार है। रास्ता काफ़ी लम्बा साबित होता है। मैं इतिहास के सबक़ की आभारी हूँ, क्योंकि बाक़ी सब चीज़ों के अलावा उसने मेरे पैरों को पूरा एक दिन का आराम मुहैया करा दिया।

यह सबसे ख़ूबसूरत अनुभव है, रात के वक़्त जंगल में चलना और मैं रात-दर-रात यही करने वाली हूँ।

■

हम 1910 के भूमकाल विद्रोह की सौवीं जयन्ती मनाने के आयोजन में जा रहे हैं। इसमें कोया लोगों ने अंग्रेज़ों के ख़िलाफ़ विद्रोह कर दिया था। भूमकाल का, कॉमरेड राजू कहते हैं, मतलब है भूचाल। वे बताते हैं, आयोजन में भाग लेने के लिए लोग कई-कई दिन पैदल चलकर आयेंगे। जंगल लगातार चल रहे लोगों से भरा होगा। दण्डकारण्य के सभी मण्डलों में समारोह हो रहे हैं। हमारा सौभाग्य है कि आयोजन के संचालक कॉमरेड लेंग हमारे साथ चल रहे हैं। गोंडी में 'लेंग' का मतलब आवाज़ होता है। कॉमरेड लेंग आन्ध्र प्रदेश के रहने वाले, लम्बे, अधेड़ आदमी हैं, जाने-माने लोकप्रिय गायक-कवि गदर के साथी जिन्होंने 1972 में

क्रान्तिकारी सांस्कृतिक संगठन 'जन नाट्य मंच' की स्थापना की थी। आगे चलकर 'जन नाट्य मंच' (जे.एन.एम.) औपचारिक रूप से पीपुल्स वॉर ग्रुप का अंग बन गया और आन्ध्र प्रदेश में दसियों हज़ार की संख्या में श्रोताओं को इकट्ठा कर सकता था। कॉमरेड लेंग 1977 में शामिल हुए और अपने बल पर एक प्रसिद्ध गायक बन गये। वे दुर्दान्त दमन के दौरान आन्ध्र में रहे, 'मुठभेड़' वाली हत्याओं के युग में, जिसमें मित्र लगभग हर रोज़ मारे जा रहे थे। वे ख़ुद एक रात हस्पताल के बिस्तर से एक महिला पुलिस अधीक्षक द्वारा उठा लिये गये, जिसने डॉक्टर का भेस बनाया हुआ था। उन्हें 'मुठभेड़' के लिए वारंगल के बाहर जंगल में ले जाया गया। लेकिन उनके सौभाग्य से गदर को ख़बर हो गयी और वे लोगों को ख़बरदार करने में सफल हो गये। जब पीपुल्स वॉर ग्रुप ने 1998 में दण्डकारण्य में एक सांस्कृतिक संगठन शुरू करने का फ़ैसला किया तो कॉमरेड लेंग को उसका मुखिया बना कर भेजा गया और अब वे यहाँ मेरे साथ चल रहे हैं, फ़ौजी कमीज़ पहने, मगर उसके साथ जाने किस कारण से एक बैंगनी पाजामा जिस पर गुलाबी ख़रगोश बने हुए हैं। ''चेतना नाट्य मंच में अब 10,000 सदस्य हैं,'' उन्होंने मुझे बताया था। ''हमारे पास 500 गीत हैं, हिन्दी, गोंडी, छत्तीसगढ़ी और हल्बी में। हमने एक किताब छपायी है, जिसमें हमारे 140 गीत हैं। हर कोई गीत रचता है।'' जब पहली बार मैंने उनसे बात की तो वे बड़े गम्भीर जान पड़े थे, बहुत एकाग्र-चित्त। लेकिन कई दिन बाद, अलाव के गिर्द बैठे और अब भी वही पाजामा पहने हुए, वे

हमको मुख्यधारा की तेलुगू फ़िल्मों के एक अत्यन्त सफल निर्देशक के बारे में बताते हैं, जो उनके मित्र हैं और जो अपनी फ़िल्मों में हमेशा नक्सलवादी की भूमिका निभाते हैं। "मैं उसको पूछा," कॉमरेड लेंग ने अपनी मज़ेदार तेलुगू लहजे वाली हिन्दी में कहा, "तुम काईकू सोचता है कि नक्सलाइट लोग हमेशा अइसाइच ही होता है?" और उन्होंने जंगल से एके-47 के साथ बाहर आते पिछयाये-गये दिखते आदमी की झुकी हुई, उचक-उचक कर चलने वाली मुद्रा की बड़ी दक्ष नक़ल की और हम लोगों को पेट पकड़ कर हँसने पर मजबूर कर दिया।

मुझे पक्के तौर पर यह अन्दाज़ा नहीं है कि मैं भूमकाल उत्सव को देखने के लिए उत्सुक हूँ या नहीं। मुझे डर है कि मैं माओवादी प्रचार से भरे परम्परागत आदिवासी नृत्य, शब्दाडम्बर से भरे उकसाने वाले भाषण और निस्तेज आँखों वाले दर्शक देखूँगी। हम मैदान में शाम को काफ़ी देर गये पहुँचते हैं। लाल कपड़े से लिपटे बाँस के मचान का एक अस्थायी स्मारक बनाया गया है। शिखर पर माओवादी पार्टी के हंसिया-हथौड़ा के ऊपर चाँदी की पन्नी में लिपटा, आदिवासी योद्धा का तीर-कमान है। श्रेणी विभाजन उपयुक्त है। मंच काफ़ी विशाल है। यह भी अस्थायी, मिट्टी की मोटी परत से लीपे गये मज़बूत मचान पर। अभी से मैदान में छोटे-छोटे अलाव जल रहे हैं, लोग आने शुरू हो गये हैं और शाम का भोजन बना रहे हैं। अँधेरे में वे सिर्फ़ छायाएँ हैं। हम उनके बीच से रास्ता बनाते निकलते हैं (*लालसलाम, लालसलाम, लालसलाम*) और पन्द्रह मिनट तक चलते रहते हैं,

जब तक कि हम दोबारा जंगल में दाख़िल नहीं हो जाते।

अपने नये डेरे पर हमें फिर से क़तार में खड़ा होना पड़ता है। एक और हाज़िरी। और फिर पहरेदारों की तैनाती के बारे में निर्देश और 'गोलीबारी के दायरे' के बारे में पुलिस का हमला होने पर कौन किस इलाक़े की देख-रेख करेगा, इसके बारे में फ़ैसले। आर-वी के मुक़ाम फिर से तय किये जाते हैं।

एक अग्रिम दल आ गया है और पहले ही से खाना बना चुका है। खाने के बाद की मिठाई के तौर पर कमला मुझे एक जंगली अमरूद ला कर देती है, जो उसने रास्ते में तोड़ लिया था और गिलहरी की तरह मेरे लिए छिपाये रखा था।

दिन के समारोह के लिए ज़्यादा-से-ज़्यादा लोगों के इकट्ठे होने का एहसास भोर से ही है। उत्तेजना की एक भनभनाहट है, जो धीरे-धीरे बढ़ती जा रही है। जिन लोगों ने एक-दूसरे को लम्बे समय से नहीं देखा है, फिर से मेल-मुलाक़ात कर रहे हैं। हमें माइक्रोफ़ोनों की जाँच किये जाने की आवाज़ सुनायी देती है। झण्डे, बैनर, पोस्टर, झण्डियाँ लगायी जा रही हैं। जिस दिन हम पहुँचे थे, उस दिन ओंगार में मारे गये पाँच लोगों की तस्वीरों वाला एक पोस्टर नज़र आ रहा है।

मैं कॉमरेड नर्मदा, कॉमरेड मासे और कॉमरेड रूपी के साथ चाय पी रही हूँ। कॉमरेड नर्मदा दण्डकारण्य में क्रान्तिकारी आदिवासी महिला संगठन की प्रमुख बनने से पहले गढ़चिरोली में कई वर्षों तक काम करने के अनुभवों के बारे में बताती हैं। रूपी और मासे आन्ध्र प्रदेश में शहरी कार्यकर्ता रही हैं और मुझे

वर्षों तक किये गये उस संघर्ष के बारे में बताती हैं, जो महिला कॉमरेडों ने पार्टी के भीतर न सिर्फ़ अपने अधिकारों के लिए किया, बल्कि पार्टी को यह देखने पर विवश करने के लिए भी कि स्त्रियों और पुरुषों के बीच समानता एक न्यायपूर्ण समाज के स्वप्न के केन्द्र में होनी चाहिए। हम 1970 के दशक और नक्सलवादी आन्दोलन के भीतर की महिलाओं की कहानियों के बारे में बात करते हैं, जिन्हें पुरुष कॉमरेडों से मोहभंग हुआ था, जो ख़ुद को महान क्रान्तिकारी समझते थे, लेकिन उनके पैरों में उसी पुरानी पितृसत्तात्मकता, उसी पुरानी पुरुष-प्रधानता की बेड़ियाँ जकड़ी हुई थीं। मासे कहती हैं कि तबसे हालात काफ़ी बदल गये हैं, हालाँकि अभी काफ़ी रास्ता तय करना बाक़ी है। (पार्टी की केन्द्रीय समिति और पॉलिट ब्यूरो में अभी तक कोई औरत नहीं है। केन्द्रीय समिति में अनुराधा गाँधी थीं जिनका पिछले साल मस्तिष्क ज्वर से निधन हो गया और एक आदिवासी कॉमरेड शीला, जो अब जेल में हैं।)

दोपहर के समय जनमुक्ति छापामार सेना का एक और जत्था आ पहुँचता है। इसकी अगुवाई एक लम्बे, पतले-छरहरे, किशोर-सरीखे कॉमरेड कर रहे हैं। कॉमरेड के दो नाम हैं सुखदेव और गुडसा उसेण्डी जिनमें से एक भी उनका नहीं है। सुखदेव एक बहुत ही प्यारे कॉमरेड का नाम है, जो शहीद हो गया। (इस युद्ध में सिर्फ़ दिवंगत लोगों के लिए ही अपना असली नाम इस्तेमाल करना निरापद है)। रही बात गुडसा उसेण्डी की, तो कई कॉमरेड किसी-न-किसी मौक़े पर गुडसा उसेण्डी रहे हैं। (कुछ महीने पहले

कॉमरेड राजू थे।) गुडसा उसेण्डी दण्डकारण्य में पार्टी प्रवक्ता का नाम होता है। लिहाज़ा हालाँकि सुखदेव बाक़ी सारे सफ़र के दौरान मेरे साथ रहते हैं, मुझे रत्ती भर अन्दाज़ा नहीं है कि मैं उनको फिर कभी कैसे खोज पाऊँगी। अलबत्ता, उनकी हँसी मैं कहीं भी पहचान लूँगी। वे कहते हैं कि वे दण्डकारण्य में 1988 में आये जब पीपुल्स वॉर ग्रुप ने उत्तरी तेलंगाना से अपने एक तिहाई बल को दण्डकारण्य में भेजने का फ़ैसला किया। उन्होंने अच्छे कपड़े पहन रखे हैं, 'ड्रेस' की बजाय 'सिविल' ('आम कपड़ों' के लिए गोंडी शब्द) 'ड्रेस' (माओवादी 'वर्दी' के विपरीत) और किसी व्यावसायिक कम्पनी के युवा अधिकारी समझे जा सकते हैं। मैं उनसे वर्दी न पहनने की वजह पूछती हूँ।

वे बताते हैं कि वे सफ़र करते रहे हैं और अभी-अभी काँकेर के नज़दीक केशकाल घाट से लौटे हैं। ख़बर है कि वहाँ बॉक्साइट का भण्डार है—लगभग 30 लाख टन्—जिस पर वेदान्त नामक कम्पनी की आँख है।

टन्! मेरे सहज ज्ञान के लिए दस में से दस।

सुखदेव बताते हैं कि वे लोगों का तापमान परखने के लिए वहाँ गये थे। यह देखने के लिए कि क्या वे लड़ने को तैयार हैं। "वे अब जत्थे चाहते हैं। और बन्दूकें।" वे सिर पीछे फेंक कर ठहाका लगाते हैं। "मैंने उनसे कहा यह इतना आसान नहीं है, भाई।" बातचीत के भूले-भटके टुकड़ों से और जिस आराम से वे अपनी एके-47 लिये हुए हैं, मैं बता सकती हूँ कि उनका भी दर्जा ऊँचा है और वे जनमुक्ति छापामार सेना में सक्रिय हैं।

जंगल की डाक आती है। मेरे लिए भी एक बिस्कुट है। कॉमरेड वेणु का भेजा हुआ। कई तहें लगाये गये काग़ज़ के नन्हे-से टुकड़े पर उन्होंने एक गीत के शब्द लिखे हैं, जो उन्होंने मुझे भेजने का वादा किया था। कॉमरेड नर्मदा उन्हें पढ़ कर मुस्कराती हैं। वे इस क़िस्से को जानती हैं। यह 1980 के दशक की बात है, उस वक़्त की, जब लोग पहले-पहल पार्टी में भरोसा करने लगे थे और अपनी समस्याएँ ले कर उसके पास आने लगे थे कॉमरेड वेणु के शब्दों में, अपने 'आन्तरिक अन्तर्विरोध' ले कर। सबसे पहले आने वालों में औरतें थीं। एक शाम अलाव के पास बैठी एक बूढ़ी औरत उठी और उसने दादा लोग के लिए एक गीत गाया। वह माडिया आदिवासी थी, जिनके बीच रिवाज था कि औरतें शादी के बाद चोलियाँ उतार दें और छातियाँ खुली रखें।

जम्पर पोलो इनटोर दादा, दाकोनिले
ताने तासोम इनटोर दादा, दाकोनिले
बाता पापम कित्तोम दादा, दाकोनिले
दुनिया काडिले माता दादा, दाकोनिले
चोली न रखो वे कहते दादा, दाकोनिले
इसको उतारो वे कहते दादा, दाकोनिले
हमने कौन-सा पाप किया दादा, दाकोनिले
पूरी दुनिया नहीं क्या बदली दादा, दाकोनिले

आतुम हाट्टेके दादा, दाकोनिले
आदा नंगा दान्तोम दादा, दाकोनिले
इद पिसवाल मन्नी दादा, दाकोनिले
मावा कोयाटुर्कू वेहत दादा, दाकोनिले

जब हम हाट में जायें दादा, दाकोनिले
आधा नंगा जाना पड़े दादा, दाकोनिले
ऐसी जिनगिया भावे ना दादा, दाकोनिले
पुरखों को बोलो ई बात हमारी दादा, दाकोनिले

औरतों से सम्बन्धित यह पहला मामला था, जिसके ख़िलाफ़ पार्टी ने अभियान चलाने का फ़ैसला किया। उसे बड़ी नज़ाकत के साथ निपटाया जाना था, बारीक़ औज़ारों से। 1986 में पार्टी ने 'आदिवासी महिला संगठन' गठित किया, जो 'क्रान्तिकारी आदिवासी महिला संगठन' में विकसित हो गया और अब उसके 90,000 बाक़ायदा सदस्य हैं। हो सकता है यह देश का सबसे बड़ा महिला संगठन हो। (लगे हाथ यह बता दें कि वे सब माओवादी हैं, सारी-की-सारी 90,000 महिला सदस्य। क्या उनका 'सफ़ाया' कर दिया जायेगा? और 'चेतना नाट्य मंच' के 10000 सदस्य? उनका भी।) 'क्रान्तिकारी आदिवासी महिला संगठन' जबरन ब्याह और अपहरण की आदिवासी प्रथाओं के ख़िलाफ़ अभियान चलाता है। माहवारी के दिनों में औरतों को गाँव के बाहर कुटिया में रहने पर विवश करने के रिवाज के ख़िलाफ़। बहुपत्नीवाद और घरेलू हिंसा के ख़िलाफ़। उसने सारी लड़ाइयाँ अभी नहीं जीती

हैं, लेकिन किन नारीवादियों ने जीती हैं अभी? मिसाल के लिए, आज भी दण्डकारण्य में औरतों को बीज नहीं बोने दिया जाता। पार्टी बैठकों में लोग मानते हैं कि यह अन्याय है और इस रिवाज को बन्द कर दिया जाना चाहिए। लेकिन व्यवहार में वे औरतों को बीज नहीं बोने देते। इसलिए पार्टी ने तय किया कि औरतें साझी ज़मीनों पर, जो जनताना सरकारों की हैं, बीज बो सकती हैं। उन ज़मीनों पर वे बीज बोती हैं, सब्ज़ियाँ उगाती हैं और मेड़ें बाँधती हैं। पूरी नहीं, आधी जीत तो है।

जैसे-जैसे बस्तर में पुलिस उत्पीड़न बढ़ा है, 'क्रान्तिकारी आदिवासी महिला संगठन' की औरतें एक ज़बर्दस्त ताक़त बन कर उभरी हैं और पुलिस से दो-दो हाथ करने के लिए सैकड़ों, कभी-कभी हज़ारों की तादाद में सड़कों पर निकल आती हैं। 'क्रान्तिकारी आदिवासी महिला संगठन' की मौजूदगी ने परम्परागत रवैयों में भारी परिवर्तन किया है और महिलाओं के ख़िलाफ़ भेदभाव के अनेक परम्परागत रूपों को ढीला कर दिया है। बहुत-सी जवान औरतों के लिए पार्टी में, विशेषकर जनमुक्ति छापामार सेना में शामिल होना ख़ुद अपने समाज की घुटन से बचने का ज़रिया बन गया। क्रा.आ.म. संगठन की एक वरिष्ठ पदाधिकारी कॉमरेड सुशीला संगठन की महिलाओं के ख़िलाफ़ सल्वा जुडुम के क्रोध का ज़िक्र करती हैं। वे बताती हैं कि सल्वा जुडुम का एक नारा था *'हम दो बीबी लायेंगे। लायेंगे।'* क्रा.आ.म. संगठन की सदस्यों को ख़ास तौर पर बलात्कार और यौनांगों के साथ पाशविक काट-कूट का निशाना बनाया गया था। इस पाशविकता की साक्षी बहुत-सी जवान औरतें इसके

भूमकाल विद्रोह का नेतृत्व 1910 में गुंडाधुर ने किया
भूमकाल का, कॉमरेड राजू कहते हैं, मतलब है भूचाल। वे बताते हैं, आयोजन में भाग लेने के लिए लोग कई-कई दिन पैदल चलकर आयेंगे। जंगल लगातार चल रहे लोगों से भरा होगा। दण्डकारण्य के सभी मण्डलों में समारोह हो रहे हैं।

चेतना नाट्य मंच के अभिनेता ''चेतना नाट्य मंच में अब 10,000 सदस्य हैं,'' उन्होंने मुझे बताया था। ''हमारे पास 500 गीत हैं, हिन्दी, गोंडी, छत्तीसगढ़ी और हल्बी में। हमने एक किताब छपायी है, जिसमें हमारे 140 गीत हैं। हर कोई गीत रचता है।''

बाद जनमुक्ति छापामार सेना में शामिल हुईं और अब उसके सदस्यों का 45 फ़ीसदी हिस्सा हैं। कॉमरेड नर्मदा उनमें से कुछ को बुलवा भेजती हैं और वे थोड़ी देर में हमारे बीच आ बैठती हैं।

कॉमरेड रिंकी के बाल बहुत छोटे-छोटे कटे हैं। 'बॉब कट' जैसा वे गोंडी में कहते हैं। वह उसके लिए साहस की बात है, क्योंकि यहाँ 'बॉब कट' का मतलब है 'माओवादी'। पुलिस के लिए उसे बिना सुनवाई मार देने के लिए इतना काफ़ी है। कॉमरेड रिंकी के गाँव कोरमा पर 2005 में नगा बटालियन और सल्वा जुडुम ने हमला किया। उस समय रिंकी गाँव के अर्द्ध-सैनिक बल का हिस्सा थी। यही हाल उसकी सहेलियों लुक्की और सुक्की का था, जो क्रा.आ.म. संगठन की भी सदस्य थीं। गाँव को जलाने के बाद नगा बटालियन ने लुक्की, सुक्की और एक और लड़की को पकड़ लिया, उनके साथ सामूहिक बलात्कार किया और उन्हें मार डाला। "उन्होंने उनके साथ घास पर बलात्कार किया था," रिंकी कहती है, "लेकिन जब सब ख़त्म हुआ तो वहाँ घास नहीं बची थी।" कई बरस बीत गये हैं? नगा बटालियन जा चुकी है, लेकिन पुलिस अब भी आती है। "वे आते हैं जब भी उन्हें औरतों की ज़रूरत होती है, या मुर्ग़ियों की।"

अजीता के बाल भी बॉब कट हैं। जुडुम के लोग उसके गाँव कोरसील आये और उन्होंने तीन लोगों को एक नाले में डुबा कर मार डाला। अजीता अर्द्धसैनिकों में शामिल थी और उसने एक फ़ासले से पारालनार तोडक नाम के गाँव तक जुडुम

का पीछा किया। उसने उन्हें छह औरतों के साथ बलात्कार करते और एक आदमी को गले में गोली मारते देखा।

कॉमरेड लक्ष्मी, जो लम्बी चोटी वाली सुन्दर लड़की है, मुझे बताती है कि उसने जुडुम को अपने गाँव जोजोर में तीस घरों को जलाते देखा था। "हमारे पास तब कोई हथियार नहीं थे," वह कहती है, "हम देखने के सिवा और कुछ नहीं कर सकते थे।" उसके बाद जल्दी ही वह जनमुक्ति छापामार सेना में भर्ती हो गयी। लक्ष्मी उन 150 छापामारों में शामिल थी जो जंगल में साढ़े तीन महीने पैदल चलते हुए पुलिस के शस्त्रागार पर धावा बोलने के लिए उड़ीसा में नयागढ़ पहुँचे थे। जहाँ से उन्होंने 1200 बन्दूकें और 2,00,000 गोलियाँ हथियायी थीं।

कॉमरेड सुमित्रा सल्वा जुडुम द्वारा मार-काट शुरू करने से पहले 2004 में जनमुक्ति छापामार सेना में शामिल हुई थी। वह कहती है कि वह इसलिए शामिल हुई थी, क्योंकि वह घर से भाग जाना चाहती थी। "औरतों को हर तरह से क़ाबू में रखा जाता है," उसने मुझे बताया, "हमारे गाँव में लड़कियों को पेड़ पर चढ़ने नहीं दिया जाता था, अगर वे ऐसा करती थीं तो उन्हें 500 रुपये का जुर्माना या एक मुर्ग़ी देनी पड़ती थी। अगर कोई आदमी किसी औरत को मारता है और वह पलट कर उसे मारती है तो उसे गाँव को एक बकरी देनी पड़ती थी। आदमी इकट्ठा होकर महीनों-महीनों के लिए पहाड़ों में शिकार के लिए चले जाते हैं। औरतों को शिकार के नज़दीक नहीं जाने दिया जाता, मांस का सबसे अच्छा हिस्सा आदमियों को मिलता है। औरतों

को अण्डे खाने की इजाज़त नहीं दी जाती।" छापामार सेना में शामिल होने की मुनासिब वजह?

सुमित्रा अपनी दो सहेलियों तेलम पार्वती और कमला की कहानी सुनाती हैं जो क्रा.आ.म. संगठन के साथ काम करती थीं। तेलम पार्वती दक्षिणी बस्तर में पोलेकाया गाँव की रहने वाली थी। वहाँ के सभी दूसरे लोगों की तरह उसने भी सल्वा जुडुम को अपना गाँव जलाते देखा। तब वह जनमुक्ति छापामार सेना में शामिल होकर केशकाल घाट में काम करने चली गयी। 2009 में उसने और कमला ने उस इलाक़े में 8 मार्च को महिला दिवस के समारोह को आयोजित करने का काम पूरा कर लिया था। वे वाडगो नामक गाँव के ठीक बाहर एक छोटी-सी झोंपड़ी में थीं। पुलिस ने रात के वक़्त झोंपड़ी को घेर लिया और गोलियाँ चलानी शुरू कर दीं। कमला ने जवाब में गोलियाँ चलायीं मगर वह मारी गयी। पार्वती बच कर भाग निकली, लेकिन उसे खोज लिया गया और अगले दिन मार दिया गया।

यह था जो पिछले साल महिला दिवस को हुआ था और इस साल के महिला दिवस के बारे में एक राष्ट्रीय समाचार-पत्र में छपी रिपोर्ट कहती है :

महिला-अधिकारों के पक्ष में बस्तर के विद्रोही

सहर ख़ान, *मेल टुडे*, रायपुर, मार्च 2010

"सरकार ने हो सकता है देश में माओवादी बला का मुकाबला करने के लिए कोई कसर न उठा रखने का

संकल्प किया हो, मगर छत्तीसगढ़ में विद्रोहियों के एक हिस्से के हाथ में जीवित बचे रहने से ज़्यादा ज़रूरी मामले हैं। अन्तर्राष्ट्रीय महिला दिवस के नज़दीक आते ही राज्य के बस्तर क्षेत्र के माओवादियों ने महिला-अधिकारों की वकालत करने के लिए सप्ताह भर के 'समारोह' का आयोजन किया है। बस्तर ज़िले के एक हिस्से, बीजापुर में पोस्टर भी लगाये गये। महिला-अधिकारों के स्वघोषित पैरोकारों के इस आह्वान ने राज्य की पुलिस के भौंचक्का छोड़ दिया है। बस्तर के पुलिस महानिरीक्षक टी. जे. लौंगकुमेर ने कहा, 'मैंने कभी नक्सलवादियों की ओर से ऐसी अपील नहीं देखी है जो सिर्फ़ हिंसा और ख़ून-ख़राबे में विश्वास करते हैं'।"

और रिपोर्ट में आगे कहा गया है

"'मेरा ख़याल है कि माओवादी हमारे अत्यन्त सफल जन जागरण अभियान का मुक़ाबला करने की कोशिश कर रहे हैं। हमने इस समय जारी इस अभियान को ऑपरेशन ग्रीनहण्ट के लिए जन समर्थन जुटाने के उद्देश्य से शुरू किया था, जो पुलिस ने वामपन्थी अतिवादियों को उखाड़ फेंकने के लिए चालू किया था,' पुलिस महानिरीक्षक ने कहा।"

विद्वेष और अज्ञान की यह खिचड़ी असामान्य नहीं है। पार्टी के वर्तमान के इतिहासकार, गुडसा उसेण्डी इसके बारे में अधिकांश लोगों से ज़्यादा जानते हैं। उनका छोटा-सा कम्प्यूटर और

एमपी-3 रिकॉर्डर प्रेस वक्तव्यों, खण्डनों, संशोधनों, भूल सुधारों, पार्टी साहित्य, मृतक सूचियों, टीवी और सुनने और देखने वाली सामग्री से भरा हुआ है। "गुडसा उसेण्डी की भूमिका निभाने की सबसे ख़राब बात है," वे कहते हैं, "ऐसे स्पष्टीकरण जारी करना जो कभी प्रकाशित नहीं किये जाते। हमारे बारे में जो झूठ वे प्रचारित करते हैं उसके अप्रकाशित स्पष्टीकरणों की हम एक पुस्तक प्रकाशित कर सकते हैं।" वे रत्ती भर आक्रोश और खीझ के बिना कहते हैं, बल्कि कहा जाये मज़ा लेते हुए, दिलचस्प लहजे में।

"वह कौन-सा सबसे हास्यास्पद आरोप है, जिसका खण्डन आपको करना पड़ा है?"

वे मन-ही-मन अतीत के बारे में सोचते हैं। "2007 में हमें एक बयान जारी करना पड़ा, *'नहीं भाई, हमने गाय को हथौड़े से नहीं मारा।'* 2007 में रमण सिंह की सरकार ने एक गाय योजना की घोषणा की, एक चुनावी वादा, हर आदिवासी के लिए एक गाय। एक दिन टीवी चैनलों और अख़बारों सभी ने रिपोर्ट किया कि नक्सलवादियों ने गायों के एक झुण्ड पर हमला किया और हथौड़ों से उन्हें मार दिया, क्योंकि वे हिन्दू-विरोधी, भाजपा-विरोधी थे। आप कल्पना कर सकती हैं कि क्या हुआ होगा। हमने एक खण्डन जारी किया। शायद ही किसी ने उसे छापा। बाद में पता चला कि आदिवासियों में बाँटने के लिए जिस आदमी को गायें दी गयी थीं वह बदमाश था, उसने उन्हें बेच दिया था और कह दिया था कि हमने उस पर घात लगा कर हमला किया था और गायों को मार दिया था।"

और सबसे गम्भीर आरोप?

"अरे, दर्जनों हैं। आख़िरकार वे एक अभियान चला रहे हैं। जब अम्बेली में पहले-पहल सल्वा जुडुम की घोषणा हुई तो उन्होंने सबसे पहले हमारे गाँव स्तर के कार्यकर्ताओं पर हमला किया जिन्हें उन्होंने बैठक में बुलाया था, उनकी पिटाई की और उन्हें पुलिस के हाथ सौंप दिया। फिर वे सब-के-सब विशेष पुलिस अधिकारी, नगा बटालियन, पुलिसवाले तालमेंड्री की तरफ़ बढ़े। वहाँ हमारे स्थानीय ग्रामीण जत्थे के कॉमरेडों ने हवा में गोलियाँ चलायीं और उन्हें भगा दिया। किसी को चोट नहीं आयी लेकिन 'फ़्रण्टलाइन' की ऐनी ज़ैदी ने लिखा 'तालमेंड्री की एक बैठक में, जहाँ 10,000 से ज़्यादा लोग मौजूद थे, नक्सलवादियों ने गोलियाँ चलायीं और सैकड़ों लोगों को मार डाला।'[7] उसी दिन जुडुम कोट्रापाल गया। आपने कोट्रापाल के बारे में ज़रूर सुना होगा? बड़ा मशहूर गाँव है, उसे समर्पण करने से इनकार करने के लिए 22 बार जलाया गया है। जब जुडुम के लोग कोट्रापाल पहुचे हमारे जनसैनिक उनकी ताक में थे। उन्होंने घात लगा कर हमले की तैयारी कर रखी थी। सल्वा जुडुम के दो गुण्डे मारे गये। जनसैनिकों ने 12 को पकड़ लिया, बाक़ी भाग खड़े हुए। लेकिन अख़बारों ने ख़बरें छापीं कि नक्सलवादियों ने दर्जनों ग़रीब आदिवासियों का क़त्ले-आम किया था। कुछ ने कहा हमने सैकड़ों मार दिये थे। यहाँ तक कि मानवाधिकार कार्यकर्ता बालगोपाल ने भी, जो आम तौर पर तथ्यों के बारे में इतना सतर्क रहता है, मानवाधिकार फ़ोरम की एक बैठक में 18 की संख्या दी। हमने एक

स्पष्टीकरण भेजा। किसी ने नहीं छापा। बाद में अपनी किताब में बालगोपाल ने अपनी भूल स्वीकार की...लेकिन किसने ध्यान दिया?"[8]

मैंने पूछा कि जो 12 लोग पकड़े गये थे उनका क्या हुआ।

"क्षेत्रीय समिति ने एक जन अदालत बुलायी। चार हज़ार लोग उसमें उपस्थित हुए। उन्होंने पूरी कहानी सुनी। दो विशेष पुलिस अधिकारियों को मृत्यु-दण्ड की सज़ा सुनायी गयी। पाँच को चेतावनी देकर छोड़ दिया गया। लोगों ने फ़ैसला किया। मुख़बिरों के साथ जो आजकल एक बड़ी समस्या बनते जा रहे हैं लोग मामले को सुनते हैं, बयानों को, क़बूलनामों को, और कहते हैं, *'इसका रिस्क हम नहीं ले सकते हैं,'* या *'इसका रिस्क हम लेंगे।'* अख़बार हमेशा उन मुख़बिरों के बारे में ख़बरें छापते हैं जो मारे जाते हैं। उन बहुत से मुख़बिरों के बारे में नहीं, जिन्हें छोड़ दिया जाता है। उन लोगों के बारे में भी नहीं जिन्हें इन मुख़बिरों ने मरवाया है। इसलिए सब यही सोचते हैं कि यह कोई ख़ून की प्यासी प्रक्रिया है जिसमें हर कोई हमेशा मारा ही जाता है। इसका सम्बन्ध बदले से नहीं है, ज़िन्दा बचे रहने और भविष्य में ज़िन्दगियों को बचाने से है...निश्चय ही समस्याएँ हैं, हमने भयानक ग़लतियाँ की हैं, यहाँ तक कि घात लगा कर किये गये हमलों में ग़लत लोगों को मारा है, सोचते हुए कि वे पुलिसवाले हैं, लेकिन यह वैसे नहीं है, जैसे मीडिया में चित्रित किया जाता है।'

ये ख़ौफ़नाक 'जन अदालतें' इन्हें हम कैसे स्वीकार कर सकते हैं? या ऐसे रूखे, उजड्ड न्याय को सही ठहरा सकते हैं? दूसरी ओर तुरत-फुरत न्याय के सबसे बुरे रूप, 'मुठभेड़ों' का क्या

होगा झूठी हों या नहीं जो भारत सरकार के पुलिस वालों और सैनिकों को बहादुरी के पदक, नक़द पुरस्कार और समय से पहले तरक़्क़ी मुहैया कराती हैं? जितने ज़्यादा वे मारते हैं, उतने ज़्यादा वे पुरस्कृत होते हैं। वे 'दिलेर' कहलाते हैं, ये 'मुठभेड़ विशेषज्ञ'। हमें 'राष्ट्र-विरोधी' कहा जाता है, हममें से उन लोगों को जो उन्हें कटघरे में खड़ा करने की हिम्मत करते हैं। और उस सुप्रीम कोर्ट का क्या होगा, जिसने बेहयाई से स्वीकार किया कि उसके पास मोहम्मद अफ़ज़ल (दिसम्बर 2001 के संसद हमले के आरोपी) को मौत की सज़ा सुनाने के लिए पर्याप्त सबूत नहीं हैं। लेकिन हर हाल में ऐसा कर दिया, क्योंकि 'समाज का सामूहिक अन्तःकरण तभी सन्तुष्ट होगा अगर अभियुक्त को मृत्यु-दण्ड दिया जाये।'[9]

कम-से-कम कोट्रापाल जन अदालत में समूह अपना फ़ैसला ख़ुद करने के लिए सशरीर उपस्थित था। यह फ़ैसला उन जजों ने नहीं किया था, आम ज़िन्दगी से जितना ताल्लुक़ बहुत पहले ही कट चुका था और जिनका ख़याल था कि वे समूह की ओर से बोल रहे थे, हालाँकि न तो वह समूह वहाँ उपस्थित था और न उससे राय-मशविरा करने की ज़रूरत उन जजों ने कभी समझी थी।

मैं अटकल भिड़ाती हूँ कि कोट्रापाल के लोगों को क्या करना चाहिए था? पुलिस को बुलाना?

■

ढोल-नगाड़ों की आवाज़ सचमुच बहुत तेज़ हो गयी है। भूमकाल का समय है। भूचाल का। हम चलकर मैदान की तरफ़ जाते हैं। मुझे अपनी आँखों पर मुश्किल से यक़ीन होता है। वहाँ लोगों

का एक समुद्र लहरा रहा है, सबसे अजीबो-ग़रीब, अनोखे, सुन्दर तरीक़ों से सज्जित। लगता है औरतों की तुलना में आदमियों ने अपने साज-सिंगार पर ज़्यादा ध्यान दिया है। उन्होंने सिर के पहरावे में पंख लगाये हुए हैं और चेहरों पर गोदने गोदाए हुए हैं। बहुतों ने आँखें सजायी हुई हैं और चेहरों पर सफ़ेद खड़िया पोती हुई है। ढेर सारे जनसैनिक हैं, रंग-बिरंगी साड़ियाँ पहने लड़कियाँ जिन्होंने बेपरवाही से कन्धों पर राइफ़लें टाँग रखी हैं। बूढ़े हैं और बच्चे भी और आसमान में लहराती झण्डियाँ। धूप तीखी है और सूरज ऊँचाई पर। कॉमरेड लेंग बोलते हैं। और जनताना सरकारों के विभिन्न पदाधिकारी। कॉमरेड नीति, एक असाधारण महिला जो 1997 से पार्टी के साथ हैं, देश के लिए इतना बड़ा ख़तरा समझी जाती हैं कि 2007 में 700 से अधिक पुलिसवालों ने इन्नर गाँव को घेर लिया था, क्योंकि उन्होंने सुना था कि वे वहाँ थीं। कॉमरेड नीति को इतना ख़तरनाक माना जाता है और उनकी खोज इतने ताबड़-तोड़ ढंग से हो रही है, इसलिए नहीं कि उन्होंने घात लगा कर किये गये बहुत-से हमलों की अगुवाई की है (जो कि उन्होंने की है) लेकिन इसलिए, क्योंकि वे एक आदिवासी औरत हैं, जिन्हें गाँव के लोग प्यार करते हैं और जो युवा लोगों के लिए सचमुच एक प्रेरणा हैं। वे अपनी एके-47 को कन्धे से लटकाये बोलती हैं। (इस बन्दूक के पीछे एक कहानी है। लगभग हरेक की बन्दूक की एक कहानी है। किससे वह छीनी गयी, कैसे और किसके द्वारा?)

'चेतना नाट्य मंच' की एक मण्डली भूमकाल विद्रोह के

बारे में एक नाटक खेलती है। दुष्ट गोरे उपनिवेशवादियों ने सुनहरे फूस से बने बाल लगाये हुए हैं और हैट पहन रखे हैं और आदिवासियों को डराते-धमकाते और पीट-पीट कर मुर्ग़ा बना देते हैं जो दर्शकों को बहुत मुदित करता है। दक्षिण गंगालौर की एक और मण्डली एक नाटक खेलती है *नितीर जुडुम पीतो* (ख़ूनी शिकार की कथा) जूरी मेरे लिए अनुवाद करती है। कहानी दो बूढ़े लोगों के बारे में है, जो अपनी बेटी के गाँव की तलाश में जाते हैं। जंगल से होकर जाते समय वे रास्ता भटक जाते हैं, क्योंकि हर चीज़ जला दी गयी है और पहचानी नहीं जाती। सल्वा जुडुम ने ढोल-नगाड़े और संगीत के वाद्य भी जला दिये हैं। राख भी नहीं है, क्योंकि बारिश होती रही है। वे अपनी बेटी को नहीं खोज पाते। व्यथित होकर बूढ़े दम्पति गाना शुरू करते हैं और उन्हें सुन कर अवशेषों से उनकी बेटी पलट कर उन्हें सुनाती हुई गाती है हमारे गाँव की आवाज़ ख़ामोश कर दी गयी है, वह गाती है। अब चावल कूटने की धमक नहीं है, कुएँ के पास का हँसना-हँसाना बन्द है। न चिड़ियाँ हैं, न मिमियाती बकरियाँ। हमारे सुख का तना हुआ तार तोड़ दिया गया है।

उसका बाप गाकर उससे कहता है मेरी सुन्दर बेटी, आज मत रो। जो पैदा हुआ है, उसे मरना ही है। हमारे गिर्द खड़े ये पेड़ गिर जायेंगे, फूल खिलेंगे और कुम्हला जायेंगे, एक दिन यह दुनिया बूढ़ी हो जायेगी। लेकिन हम किसके लिए मर रहे हैं? हमें लूटने वालों को एक दिन सबक़ मिलेगा, एक दिन सत्य की जीत होगी, लेकिन हमारे लोग तुम्हें कभी नहीं भूलेंगे, हज़ार बरसों तक नहीं भूलेंगे।

भूमकाल उत्सव में शस्त्रधारी

इस शान्त नज़र आते वन में जीवन पूरी तरह फ़ौजी हो गया लगता है अब। लोग अब कॉर्डन और सर्च, फ़ाइरिंग, ऐडवान्स, रिट्रीट, डाउन, ऐक्शन जैसे शब्द जानते हैं। अपनी फ़सलें काटने के लिए उन्हें जनमुक्ति छापामार सेना की गश्त की ज़रूरत होती है। हाट जाना भी एक सैनिक अभियान है।

भूमकाल उत्सव : आरम्भ

मुझे पक्के तौर पर यह अन्दाज़ा नहीं है कि मैं भूमकाल उत्सव को देखने के लिए उत्सुक हूँ या नहीं। मुझे डर है कि मैं माओवादी प्रचार से भरे परम्परागत आदिवासी नृत्य, शब्दाडम्बर से भरे उकसाने वाले भाषण और निस्तेज आँखों वाले दर्शक देखूँगी।

कुछ और भाषण होते हैं। फिर ढोल बज उठते हैं और नृत्य शुरू होता है। हर जनताना सरकार की अपनी मण्डली है। हर मण्डली ने अपना नाच तैयार किया है। वे एक-एक करके आते हैं, भीमकाय ढोल-नगाड़ों के साथ और नाच कर अजीबो-ग़रीब कथाएँ प्रस्तुत करते हैं। हर मण्डली में एक-सा खलनायक है दुष्ट खदान वाला हेल्मेट और काले चश्मे के साथ और अमूमन सिगरेट पीता हुआ। लेकिन उनके नाचने में कुछ भी कड़ापन या कृत्रिमता या मशीनी नहीं है। उनके नाचने के साथ-साथ धूल उठती है। नगाड़ों की आवाज़ कान फाड़ने वाली बन जाती है। धीरे-धीरे भीड़ झूमने लगती है। और फिर वह नाचने लगती है। वे छै या सात जनों की छोटी-छोटी क़तारों में नाचते हैं, आदमी और औरतें अलग-अलग, अपनी बाँहें एक-दूसरे की कमर में डाले। हज़ारों लोग। इसी लिए वे आये भी हैं। इसी लिए। यहाँ दण्डकारण्य के जंगल में ख़ुशी को बहुत गम्भीरता से लिया जाता है। लोग मीलों चलेंगे लगातार कई-कई दिन तक खाने-पीने और नाचने के लिए, अपनी पगड़ियों में पंख और बालों में फूल सजाने के लिए, एक-दूसरे के गिर्द बाँहें डालने और महुआ पीने और रात-रात भर नाचने के लिए। कोई भी अकेले नहीं गाता या नाचता और किसी भी बात से ज़्यादा यही चीज़ है, जो उस सभ्यता के प्रति उनकी चुनौती का संकेत है, जिसने उन्हें नेस्त-नाबूद करने की ठान रखी है।

मुझे विश्वास नहीं होता कि यह सब ठीक पुलिस की नाक के नीचे हो रहा है। ऑपरेशन ग्रीनहण्ट के बीचों-बीच।

शुरू-शुरू में जनमुक्ति छापामार सेना के कॉमरेड अपनी

बन्दूकों के साथ अलग-अलग खड़े नाचने वालों को देखते रहते हैं। लेकिन फिर, एक-एक करके, उन बत्तखों की तरह जो किनारे पर खड़े-खड़े दूसरी बत्तखों को तैरते हुए देखते रहना बरदाश्त नहीं कर पातीं, वे भी शामिल हो जाते हैं और नाचने लगते हैं। जल्दी ही हरी फ़ौजी वर्दी वाले नर्तकों की पंक्तियाँ बाक़ी सब रंगों के साथ चकफेरियाँ लेने लगती हैं। और फिर जैसे-जैसे भाई और बहनें और माता-पिता और बच्चे और मित्र, जो एक-दूसरे से महीनों से कभी-कभी बरसों से नहीं मिले, रू-ब-रू होते हैं, पाँतें टूटती हैं और फिर बनती हैं और साड़ियों और फूलों और ढोलों और पगड़ियों के बीच फ़ौजी वर्दियाँ छितरा जाती हैं। सचमुच यह जनता की सेना है। कम-से-कम अभी के लिए। और वह क्या कहा था चेयरमैन माओ ने छापामार मछलियाँ हैं और जनता वह पानी है, जिसमें वे तैरती हैं। इस समय यह शब्दशः सही है।

चेयरमैन माओ। वे भी यहाँ हैं। थोड़ा-सा अकेले, मगर मौजूद। उनका एक फ़ोटो है, ऊपर लाल कपड़े के पर्दे पर। मार्क्स भी। और चारु मजूमदार नक्सलवादी आन्दोलन के संस्थापक और प्रमुख सिद्धान्तकार। उनकी खुरदरी वाग्मिता हिंसा, ख़ून-ख़राबे और शहादत के प्रति अन्ध-श्रद्धा से ओत-प्रोत थी और अक्सर ऐसी स्थूल भाषा का इस्तेमाल करती थी, जो लगभग जनसंहारक कही जा सकती है। यहाँ, भूमकाल दिवस पर खड़े-खड़े मैं ख़ुद को यह सोचने से नहीं रोक पाती कि उनका विश्लेषण जब उन्होंने कहा कि 'सिर्फ़ वर्ग-संघर्ष सफ़ाया अभियान छेड़ने से ही वह नया आदमी पैदा होगा, जो मौत को चुनौती देगा और हर

शहीद स्मृति

कितनी आसानी से जनता की सेना जनता के ख़िलाफ़ मोर्चा बाँध सकती है। आज दण्डकारण्य में पार्टी बॉक्साइट को पहाड़ के भीतर ही रखने की हिमायती है। कल क्या यह अपना इरादा तो नहीं बदल लेगी? लेकिन क्या हम भविष्य को लेकर उठने वाली अपनी आशंकाओं को वर्तमान के बारे में कुछ न करने का बहाना बना सकते हैं या हमें बनाना चाहिए?

भूमकाल आरम्भ होता है

ख़ुशी को बहुत गम्भीरता से लिया जाता है। लोग मीलों चलेंगे—लगातार कई-कई दिन तक—खाने-पीने और नाचने के लिए, अपनी पगड़ियों में पंख और बालों में फूल सजाने के लिए, एक-दूसरे के गिर्द बाँहें डालने और महुआ पीने और रात-रात भर नाचने के लिए। कोई भी अकेले नहीं गाता या नाचता और किसी भी बात से ज़्यादा यही चीज़ है, जो उस सभ्यता के प्रति उनकी चुनौती का संकेत है, जिसने उन्हें नेस्त-नाबूद करने की ठान रखी है।

स्वार्थी विचार से मुक्त होगा'[10] जो इस क्रान्ति के लिए इतना प्राणदायी है, इसकी भावना और बुनावट से कितना दूर है। तब क्या वे कल्पना कर सकते थे कि नाचते हुए रात को सबेरा करता हुआ, यह प्राचीन समुदाय, वह समुदाय होगा, जिसके कन्धों पर उनके सपने आ टिकेंगे?

यहाँ जो कुछ हो रहा है उसके प्रति यह घोर अन्याय है कि यहाँ से बाहरी दुनिया तक जो चीज़ पहुँच पा रही है वह अपने समस्याग्रस्त अतीत से विकसित होने वाली पार्टी के विचारकों की कठोर, कड़ी, न झुकने वाली वक्तृता है। जब चारु मजूमदार ने अपना लोकप्रसिद्ध बयान दिया था कि 'चीन का अध्यक्ष हमारा अध्यक्ष है और चीन का रास्ता हमारा रास्ता है' तो वे उसे उस हद तक ले जाने को तैयार थे, जहाँ नक्सलवादी ख़ामोश रहे, जब जनरल याहिया ख़ाँ ने पूर्वी पाकिस्तान (बांग्लादेश) में नरसंहार किया, क्योंकि उस समय चीन पाकिस्तान का सहयोगी था। लाल ख्मेर की अतियों और कम्बोडिया में उसके ख़ून-ख़राबे पर भी चुप्पी रही। चीनी और रूसी क्रान्तियों की विलक्षण और भयंकर अतियों के बारे में भी मौन रहा। तिब्बत पर ख़ामोशी रही। नक्सलवादी आन्दोलन के अन्दर भी हिंसा-भरी ज़्यादतियाँ हुई हैं और जो कुछ उन्होंने किया है, उसमें से बहुत कुछ को उचित ठहराना असम्भव है। लेकिन जो उन्होंने किया उसके किसी भी हिस्से की तुलना पंजाब, कश्मीर, दिल्ली, मुम्बई और गुजरात में कांग्रेस और भाजपा की गलित करतूतों से नहीं हो सकती। तिस पर भी, इन भयंकर अन्तर्विरोधों के बावजूद, चारु मजूमदार ने

जो लिखा और कहा उसके अधिकांश में वे भारत के सन्दर्भ में एक स्वप्नदर्शी थे और उन्हें आसानी से ख़ारिज नहीं किया जा सकता। जो पार्टी उन्होंने स्थापित की, उसने (और उसके अनेक टूटे-बिखरे गुटों ने) भारत में क्रान्ति के स्वप्न को *वास्तविक* और *विद्यमान* रखा है। इस स्वप्न से रहित समाज की कल्पना कीजिए। महज़ इसी बिना पर हम बहुत कठोरता से उनका मूल्यांकन नहीं कर सकते। उस समय तो ख़ास तौर पर नहीं जब हम 'अहिंसा के मार्ग' की श्रेष्ठता और ट्रस्टीशिप की अपनी धारणा के बारे में गाँधी के भावुकता-भरे छल को अपने इर्द-गिर्द लपेट लेते हैं 'अमीर आदमी की सम्पत्ति उसके अधिकार में रहेगी जिसमें से उसे अपनी व्यक्तिगत ज़रूरतों के लिए जितना चाहिए उतना वह इस्तेमाल करेगा और बाक़ी हिस्से को समाज के हित में इस्तेमाल करने के उद्‌देश्य से न्यासी की भूमिका निभायेगा।'

हालाँकि कितना अजीब है कि भारतीय राज्य व्यवस्था ने उस राज्य व्यवस्था, जिसने नक्सलवादियों का इतना निर्मम दमन किया, उसके मौजूदा सम्राट अब वही कह रहे हैं, जो चारु मजूमदार ने इतना पहले कहा था : चीन का रास्ता हमारा रास्ता है।

सिर के बल। अन्दर का बाहर।

चीन का रास्ता बदल गया है। चीन अब एक साम्राज्यवादी ताक़त बन गया है, दूसरे देशों का, दूसरे लोगों के संसाधनों का, शिकार करता हुआ। लेकिन पार्टी अब भी सही है, फ़र्क़ इतना है कि पार्टी ने अपनी सोच बदल दी है।

जब पार्टी प्रार्थी की भूमिका में होती है (जैसी कि वह

दण्डकारण्य में इस समय है), लोगों को रिझाती हुई, उनकी हर ज़रूरत का ख़याल रखती हुई, तब वह सचमुच जनता की पार्टी है, उसकी सेना सचमुच जनता की सेना है। लेकिन क्रान्ति के बाद कितनी जल्दी यह प्रेम-सम्बन्ध एक कड़वाहट-भरी शादी में परिवर्तित हो सकता है। कितनी आसानी से जनता की सेना जनता के ख़िलाफ़ मोर्चा खोल सकती है। आज दण्डकारण्य में पार्टी बॉक्साइट को पहाड़ के भीतर ही रखने की हिमायती है। कल क्या यह अपना इरादा तो नहीं बदल लेगी? लेकिन क्या हम भविय को लेकर उठने वाली अपनी आशंकाओं को वर्तमान के बारे में कुछ न करने का बहाना बना सकते हैं या हमें बनाना चाहिए?

नाचना रात भर चलता रहेगा। मैं वापस शिविर की तरफ़ चल पड़ती हूँ। मासे वहाँ है, अभी जगी हुई। हम देर रात तक बतियाते रहते हैं। मैं उसे नेरूदा की कविता-पुस्तक—कैप्टन वसं, 'कप्तान के छन्द' देती हूँ (मैं उसे अपने साथ ले आयी थी कि शायद किसी काम आये)। वह बार-बार पूछती है, "वे हमारे बारे में बाहर क्या सोचते हैं? विद्यार्थी क्या कहते हैं? मुझे महिला आन्दोलन के बारे में बताइए, अब बड़े-बड़े मुद्दे कौन-से हैं?' वह मुझसे मेरे बारे में पूछती है, मेरे लेखन के बारे में। मैं उसे ईमानदारी से अपनी उथल-पुथल का हिसाब देने की कोशिश करती हूँ। फिर वह अपने बारे में बात करना शुरू करती है, कैसे वह पार्टी में शामिल हुई। वह मुझे बताती है कि उसका साथी पिछली मई में एक फ़र्ज़ी मुठभेड़ में मारा गया था। वह नासिक में गिरफ़्तार हुआ था और मारे जाने के लिए वारंगल ले जाया गया था। "उन्होंने उसे बुरी

तरह यातनाएँ दी होंगी।" वह उससे मिलने जा रही थी जब उसने सुना कि वह गिरफ़्तार हो गया था। तब से वह जंगल ही में है। लम्बी ख़ामोशी के बाद वह मुझे बताती है कि बरसों पहले भी एक बार उसका ब्याह हुआ था। "वह भी एक मुठभेड़ में मारा गया था," वह कहती है फिर दिल तोड़ने वाली सच्चाई से जोड़ती है, "वह सचमुच की मुठभेड़ थी।"

मैं अपनी झिल्ली पर लेटी, मासे की सुदीर्घ उदासी के बारे में सोचते हुए, नगाड़ों और मैदान से आती सुदीर्घ प्रसन्नता की आवाज़ें सुनते हुए और माओवादी पार्टी के केन्द्रीय सिद्धान्त, सुदीर्घ युद्ध सम्बन्धी चारु मजूमदार के विचार के बारे में सोचते हुए जागती रहती हूँ। यही है जो लोगों को यह सोचने पर आमादा करता है कि 'शान्ति वार्ताओं' में भाग लेने का माओवादियों का प्रस्ताव एक धोखा है, एक चाल ताकि फिर से एकजुट होने, ख़ुद को नये सिरे से हथियारबन्द करने और फिर से सुदीर्घ लड़ाई छेड़ने के लिए साँस लेने की मोहलत मिल सके। सुदीर्घ लड़ाई है क्या चीज़? क्या यह अपने आप में एक भयानक चीज़ है या यह युद्ध की प्रकृति पर निर्भर करता है? क्या होता अगर यहाँ दण्डकारण्य की जनता ने पिछले तीस वर्षों तक अपनी सुदीर्घ लड़ाई न लड़ी होती? कहाँ होते वे अब?

और क्या अकेले माओवादी ही सुदीर्घ लड़ाई में विश्वास रहने वालों में शामिल हैं? लगभग उस पल से जब हिन्दुस्तान प्रभुसत्ता सम्पन्न देश बना था। वह एक उपनिवेशवादी शक्ति बन गया था, क्षेत्र हस्तगत करता, हड़पता, लड़ाई छेड़ता हुआ। राजनैतिक

समस्याओं को हल करने के लिए वह सैनिक हस्तक्षेप करने से कभी नहीं हिचकिचाया—कश्मीर, हैदराबाद, गोवा, नगालैण्ड, मणिपुर, तेलंगाना, असम, पंजाब, पश्चिम बंगाल, बिहार, आन्ध्र प्रदेश और अब मध्य भारत की लम्बाई-चौड़ाई में फैले आदिवासी इलाक़ों में नक्सलवादी विद्रोह। दसियों-हज़ारों लोग बेख़ौफ़ो-ख़तर मार दिये गये हैं, लाखों को यातनाएँ दी गयी हैं। यह सब लोकतंत्र के कल्याणकारी मुखौटे के भीतर। ये युद्ध किसके ख़िलाफ़ छेड़े गये? मुसलमानों, ईसाइयों, सिखों, कम्यूनिस्टों, दलितों, आदिवासियों और सबसे ज़्यादा उन ग़रीबों के ख़िलाफ़, जिन्होंने अपनी तरफ़ फेंके गये टुकड़ों को स्वीकार करने की बजाय अपने भाग्य पर सवाल उठाने की जुर्रत की। भारतीय राज्य को सारतः सवर्ण हिन्दू राज्य के रूप में न देखना कठिन है (चाहे जो भी राजनैतिक दल सत्ता पर आसीन हो) जो 'दूसरे' के प्रति एक सहज प्रतिक्रियापरक शत्रुता सँजोये रखता है। जो सच्चे औपनिवेशिक ढंग से नगा और मिज़ो लोगों को छत्तीसगढ़ में, सिक्खों को कश्मीर में, कश्मीरियों को उड़ीसा में, तमिलों को असम में लड़ने भेजता है। अगर यह सुदीर्घ युद्ध नहीं है तो क्या है?

सुन्दर, सितारों-जड़ी रात में बेमज़ा खयाल। सुखदेव, जिनका चेहरा उनके कम्प्यूटर के पर्दे से उद्‌भासित है, ख़ुद से ही मुस्करा रहे हैं। वे पागल, काम के दीवाने हैं। मैं उनसे पूछती हूँ उन्हें कौन-सी चीज़ मज़ेदार लग रही है। "मैं उन पत्रकारों के बारे में सोच रहा हूँ, जो पिछले साल भूमकाल समारोह के मौक़े पर आये थे। वे एक या दो दिन रुके थे। एक ने मेरी ए.के. को

हाथ में लेकर तस्वीर खिंचायी थी और फिर वापस जाकर हमें हत्या की मशीनें या ऐसा ही कुछ कहा था।"

■

नाचना अभी रुका नहीं है और भोर हो गयी है। क़तारें अब भी झूम रही हैं, सैकड़ों युवा लोग अब भी नाच रहे हैं। "वे रुकेंगे नहीं," कॉमरेड राजू कहते हैं, "जब तक हम सामान नहीं बाँधने लगते।"

मैं मैदान में कॉमरेड डॉक्टर से टकरा जाती हूँ। वे नाच के मैदान के छोर पर एक छोटा-सा चिकित्सा शिविर चला रहे हैं। मैं उनके भरे-भरे गोल गालों को चूम लेना चाहती हूँ। वे एक की बजाय तीस लोग क्यों नहीं बन सकते? वे हज़ार लोग क्यों नहीं बन सकते? मैं उनसे पूछती हूँ कि कैसा लग रहा है, दण्डकारण्य का स्वास्थ्य? उनका जवाब मेरी नसों में ख़ून जमा देता है। जिन लोगों को उन्होंने देखा है, उनमें से ज़्यादातर लोगों के ख़ून में (जिनमें जनमुक्ति छापामार सेना के लोग शामिल हैं) हेमोग्लोबिन की मात्रा 5 से 6 के बीच है (जबकि भारतीय औरतों के लिए मानक 11 है)। दो साल से अधिक तक पुरानी ख़ून की कमी बने रहने की वजह से होने वाली टीबी है। छोटे बच्चों को प्रोटीन ऊर्जा कुपोषण दर्जा-2 है। चिकित्सा की शब्दावली में इसे क्वाशियोरकोर कहते हैं। (मैंने बाद में इसे जाँचा। यह समुद्रवर्ती घाना की गा भाषा से निकला शब्द है और इसका मतलब है 'वह बीमारी जो बच्चे को नये बच्चे के आने पर होती है।' बुनियादी तौर पर पहले बच्चे को माँ का दूध मिलना बन्द हो जाता है और

इतना खाना होता नहीं जिससे उसे पोषण मिल सके।) ''यहाँ यह संक्रामक बीमारी सरीखा है, बिआफ़्रा की तरह,'' कॉमरेड डॉक्टर कहते हैं, ''मैंने पहले भी गाँव में काम किया है, लेकिन ऐसी हालत कभी नहीं देखी।''

इसके अलावा मलेरिया, हड्डियों का पोलापन, टेपवर्म, कान और दाँत के गम्भीर संक्रमण और प्राथमिक ऋतुरोध है जो तब होता है जब वयःसन्धि के समय कुपोषण के कारण औरत के मासिक धर्म का चक्र लुप्त हो जाता है या फिर शुरू ही से प्रकट ही नहीं होता।

''इस जंगल में कोई दवाख़ाना नहीं है, सिवा गढ़चिरोली में एकाध के। कोई डॉक्टर नहीं। कोई दवा-दारू नहीं।''

वे जा रहे हैं अपने छोटे-से दल के साथ अबूझमाड़ की ओर, आठ दिन की पदयात्रा पर। कॉमरेड डॉक्टर अब 'ड्रेस' में हैं। लिहाज़ा अगर वे इन्हें पा जायेंगे तो इन्हें मार देंगे।

कॉमरेड राजू कहते हैं कि हमारे लिए यहाँ डेरा डाले रखना सुरक्षित नहीं है। हमें चल देना होगा। भूमकाल को छोड़ने का मतलब है देर तक ढेर सारी विदाएँ लेना-देना।

लाल लाल सलाम, लाल लाल सलाम
जाने वाले साथियों को लाल लाल सलाम
फिर मिलेंगे, फिर मिलेंगे
दण्डकारण्य के जंगल में फिर मिलेंगे।

इसे कभी हल्केपन से नहीं लिया जाता, आगमन और प्रस्थान की इस रस्म को, क्योंकि हर कोई जानता है कि जब

वे कहते हैं 'हम फिर मिलेंगे' उनका असली मतलब होता है, 'शायद हम कभी नहीं मिलेंगे।'

कॉमरेड नर्मदा, कॉमरेड मासे और कॉमरेड रूपी अलग-अलग दिशाओं में जा रही हैं। क्या मैं उन्हें फिर कभी देखूँगी?

लिहाज़ा एक बार फिर हम चलते हैं। दिनों-दिन मौसम गर्म होता जा रहा है। कमला मेरे लिए तेन्दू के पहले-पहले फल चुनती है। उनका स्वाद चीकू जैसा है। मैं इमली भक्त हो गयी हूँ। इस बार हम एक नदी के नज़दीक डेरा डालते हैं। औरतें और आदमी बारी-बारी से समूहों में नहाते हैं। शाम को कॉमरेड राजू को 'बिस्कुटों' का पूरा डिब्बा मिलता है।

ख़बरें :

मानपुर मण्डल में जनवरी 2010 के अन्त में गिरफ़्तार किये गये 60 लोग अभी तक अदालत में पेश नहीं किये गये हैं।

दक्षिण बस्तर में पुलिस के विशाल दस्ते आ पहुँचे हैं। मनमाने हमले जारी हैं।

8 नवम्बर, 2009 को बीजापुर ज़िला के कचलाराम गाँव में डिरको मडका (60) और कोवासी सुकलू (68) मारे गये।

24 नवम्बर को पनगोडी गाँव में मडवी बामन (15) मारा गया।

3 दिसम्बर को कोरेनजाड का मडवी बुदराम भी मारा गया।

नृत्य रात भर चलेगा

शुरू-शुरू में जनमुक्ति छापामार सेना के कॉमरेड अपनी बन्दूकों के साथ अलग-अलग खड़े नाचने वालों को देखते रहते हैं। लेकिन फिर, एक-एक करके, उन बत्तखों की तरह जो किनारे पर खड़े-खड़े दूसरी बत्तखों को तैरते हुए देखते रहना बरदाश्त नहीं कर पातीं, वे भी शामिल हो जाते हैं और नाचने लगते हैं। जल्दी ही हरी फ़ौजी वर्दी वाले नर्तकों की पंक्तियाँ बाक़ी सब रंगों के साथ चकफेरियाँ लेने लगती हैं।

सुबह हो चली है पर नृत्य अभी जारी है

जैसे-जैसे भाई और बहनें और माता-पिता और बच्चे और मित्र, जो एक-दूसरे से महीनों से कभी-कभी बरसों से नहीं मिले, रू-ब-रू होते हैं, पाँतें टूटती हैं और फिर बनती हैं और साड़ियों और फूलों और ढोलों और पगड़ियों के बीच फ़ौजी वर्दियाँ छितरा जाती हैं।

11 दिसम्बर को गुमिया पाल गाँव, डरबा मण्डल, 7 लोग मारे गये। (नाम अभी आने बाक़ी हैं।)

15 दिसम्बर को कोट्रापाल गाँव, वेको सोम्बार और मडवी भाट्टी (दोनो क्रा. आ. म. सं. की सदस्य) मारी गयी।

30 दिसम्बर को वेचापाल गाँव पूनेम पाण्डू और पूनेम मोटू (पिता-पुत्र) मारे गये।

जन 2010 (तिथि अज्ञात) कैका गाँव, गंगालौर में जनताना सरकार का मुखिया मारा गया।

9 जनवरी को जागरगोंडा क्षेत्र के सुरपनगूडेन गाँव में 4 लोग मारे गये।

10 जनवरी को पुल्लेम पुल्लाडी गाँव में 3 लोग मारे गये। (अभी तक नाम नहीं पता।)

25 जनवरी को इन्द्रावती क्षेत्र के ताकिलोड गाँव में 7 लोग मारे गये।

10 फ़रवरी (भूमकाल दिवस) को अबूझमाड़ के दुमनार गाँव में कुमली के बलात्कार के बाद उसकी हत्या। वह पेवर नामक गाँव की थी।

भारत-तिब्बत सीमा रक्षकों के 2000 सैनिकों राजनांदगाँव के जंगलों में डेरा डाले हुए हैं।

सीमा सुरक्षा बल के 5000 अतिरिक्त फ़ौजी काँकेर आ पहुंचे हैं।

और फिर :

जनमुक्ति छापामार सेना का कोटा पूरा हो गया।

कुछ पुराने अख़बार भी आये हैं। नक्सलवादियों के बारे में बहुत-सी सामग्री है। एक चीख़ती हुई सुर्ख़ी राजनैतिक फ़िज़ा का सटीक लुब्बे-लुआब पेश करती है : *खदेड़ो, मारो, समर्पण कराओ।* उसके नीचे : *वार्ता के लिए लोकतंत्र का द्वार खुला है।* दूसरी सुर्ख़ी कहती है माओवादी पैसा बनाने के लिए गाँजा उगा रहे हैं। तीसरे अख़बार में सम्पादकीय कहता है कि जिस इलाक़े में हमने डेरा डाला हुआ है और जिसे हम पैदल पार कर रहे हैं, वह पूरी तरह पुलिस के नियंत्रण में हैं।

युवा कम्युनिस्ट कतरनों को पढ़ने का अभ्यास करने के लिए ले जाते हैं। वे शिविर में माओवादियों का विरोध करने वाले इन लेखों को रेडियो उद्घोषकों के स्वरों में ऊँचे-ऊँचे पढ़ते हुए घूमते रहते हैं।

■

नया दिन। नयी जगह। हमने महुआ के विशाल पेड़ों के नीचे उसिर गाँव के बाहरी हिस्से में डेरा डाला हुआ है। महुआ के पेड़ों में अभी-अभी फूल आ रहे हैं और वे अपने हलके पीले, हरे बौर जंगल के फ़र्श पर रत्नों की तरह गिरा रहे हैं। हवा में उनकी हल्की-हल्की उन्मत्त करने वाली गन्ध बसी हुई है। हम भाटपाल स्कूल के बच्चों का इन्तज़ार कर रहे हैं, जो ओंगनार मुठभेड़ के बाद बन्द कर दिया गया था। उसे अब पुलिस के शिविर में बदल दिया गया है। बच्चों को घर भेज दिया गया है। यही नेलवाड, मूँजमेट्टा, एडका, वेडोमाकोट और घनोरा के

स्कूलों के बारे में भी सच है।

भाटपाल स्कूल के बच्चे नहीं आते।

कॉमरेड नीति (मोस्ट वॉण्टेड) और कॉमरेड विनोद हमें अपने साथ ले कर जल संचय के ढाँचों और सिंचाई के तालाबों की उस श्रृंखला को दिखाने ले जाते हैं, जो जनताना सरकार ने बनाये हैं। कॉमरेड नीति खेती-बाड़ी से सम्बन्धित ढेर सारी समस्याओं के बारे में बात करती हैं, जिनसे उनको निपटना पड़ता है। सिर्फ़ दो फ़ीसदी ज़मीन की सिंचाई होती है। अबूझमाड़ में दस साल पहले तक हल से जुताई के बारे में सुना भी नहीं गया था। दूसरी ओर गढ़चिरोली में संकर बीज और रासायनिक कीटाणुनाशक धीरे-धीरे अपना रास्ता बनाते हुए घुसते चले आ रहे हैं। ''हमें खेती-बाड़ी के सिलसिले में तत्काल मदद की ज़रूरत है,'' कॉमरेड विनोद कहते हैं। ''हमें ऐसे लोगों की ज़रूरत है जो बीजों, जैव कीटाणुनाशकों, पर्माकल्चर के बारे में जानते हों। थोड़ी-सी मदद के बल पर हम बहुत कुछ कर सकते हैं।''

कॉमरेड रामू जनताना सरकार क्षेत्र में प्रभारी कृषक हैं। वे गर्व के साथ हमें खेतों का चक्कर लगवाते हैं, जहाँ वे चावल, बैंगन, गोंगूरा, प्याज़ कोहूलराबी उगाते हैं। फिर उतने ही गर्व से वे हमें एक विशाल, एकदम सूखा सिंचाई का तालाब दिखाते हैं। ''इसमें बारिश के मौसम में भी पानी नहीं होता। यह ग़लत जगह खोदा गया है,'' वे चेहरे पर मुस्कान खिलाये, कहते हैं, ''यह हमारा नहीं है, इसे लूटी सरकार ने खुदवाया था।'' यहाँ दो समानान्तर शासन प्रणालियाँ हैं, जनताना सरकार और लूटी सरकार।

मैं उस बात के बारे में सोचती हूँ जो कॉमरेड वेणु ने मुझसे कही थी : वे हमें कुचल डालना चाहते हैं, महज़ खनिजों के लिए ही नहीं, बल्कि इसलिए भी कि हम दुनिया के सामने एक वैकल्पिक नमूना पेश कर रहे हैं।

यह अभी एक विकल्प नहीं है यह बन्दूक के बल पर ग्राम स्वराज। यहाँ बहुत ज़्यादा भूख है, बहुत ज़्यादा बीमारी। लेकिन उसने विकल्प की सम्भावनाएँ तो निश्चय ही पैदा कर दी हैं। सारी दुनिया के लिए नहीं, न अलास्का के लिए न नयी दिल्ली, यहाँ तक कि शायद समूचे छत्तीसगढ़ के लिए भी नहीं, बल्कि ख़ुद अपने लिए। दण्डकारण्य के लिए। यह दुनिया का सबसे गोपनीय भेद है। उसने अपने नाश के विकल्प की बुनियाद रख दी है। उसने इतिहास को चुनौती दी है। भारी रुकावटों के बावजूद उसने अपने जीवित बच निकलने का एक नक़्शा तैयार किया है। उसे मदद और कल्पनाशीलता की ज़रूरत है, उसे डॉक्टरों, अध्यापकों, किसानों की ज़रूरत है।

उसे युद्ध की ज़रूरत नहीं है।

लेकिन अगर उसे सिर्फ़ युद्ध ही मिलने वाला है, तो वह पलट कर लड़ेगा।

■

अगले कुछ दिनों के दौरान मैं क्रा.आ.म. संगठन के साथ काम करने वाली महिलाओं, जनता सरकारों के विभिन्न पदाधिकारियों, दण्डकारण्य आदिवासी किसान मज़दूर संगठन के सदस्यों, मारे गये लोगों के परिवारों और महज़ आम लोगों से मिलती हूँ, जो इस

भयावह समय में सिर्फ़ ज़िन्दगी का साथ निभाने की जद्दोजहद में जुटे हुए हैं।

मैं नारायणपुर ज़िले की तीन बहनों सुखियारी, सुकदेई और सुक्कली से मिलती हूँ। जवान नहीं, शायद चालीस के पेटे में। वे क्रा.आ.म. संगठन में पिछले बारह वर्षों से हैं। गाँववाले पुलिस से निपटने के लिए उन पर निर्भर रहते हैं। पुलिस वाले दो से तीन सौ के झुण्ड में आते हैं। ''वे हर चीज़ चुरा ले जाते हैं, गहने, मुर्ग़े, सुअर, भाँडे-बर्तन, तीर-कमान,'' सुक्कली कहती है, ''वे चाकू भी नहीं छोड़ते।'' इन्नर में उसका घर दो बार जलाया गया है एक बार नगा बटालियन द्वारा और एक बार केन्द्रीय रिज़र्व पुलिस बल द्वारा। सुखियारी को गिरफ़्तार करके जगदलपुर में सात महीने तक जेल में रखा गया था। एक बार वे सारे गाँव को यह कहते हुए ले गये कि आदमी सब नक्सली थे। सुखियारी ने सारे बच्चों और औरतों के ले कर पीछा किया। उन्होंने थाने को घेर लिया और तब तक हिलने से इनकार कर दिया, जब तक आदमी मुक्त नहीं कर दिये गये। ''जब भी वे किसी को ले जायें,'' सुकदेई कहती है, ''तुम्हें फ़ौरन जाकर उसे वापस छीन लाना चाहिए। एक बार वे रोज़नामचे में लिख लें तो फिर बहुत मुश्किल हो जाता है।''

सुखियारी, जिसे बचपन में ज़बर्दस्ती अपहरण करके एक उमरदार आदमी से ब्याह दिया गया था (वह घर से भाग गयी और अपनी बहन के साथ जाकर रहने लगी), अब जनता की रैलियाँ आयोजित करती है और बैठकों में भाषण देती है। लोग

उस पर सुरक्षा के लिए निर्भर रहते हैं। मैंने उससे पूछा कि उसके लिए पार्टी का मतलब क्या था। ''नक्सलवाद का मतलब हमारा परिवार। जब हम हमले के बारे में सुनते हैं तो ऐसा लगता है कि हमारे परिवार को चोट लगी है।'' सुखियारी ने कहा।

मैंने उससे पूछा कि क्या उसे मालूम था कि माओ कौन था। वह शर्मीलेपन से मुस्करायी, 'वे एक नेता थे। हम उनके सपने के लिए काम कर रहे हैं।'

मैं कॉमरेड सोमारी गवडे से मिली। बीस साल की और जगदलपुर में दो साल जेल काट भी चुकी है। वह 8 जनवरी, 2007 को इन्नर गाँव में थी, जिस दिन 740 पुलिसवालों ने उसके गिर्द घेरा डाल दिया, क्योंकि उन्हें ख़बर थी कि कॉमरेड नीति वहाँ थीं। (वे थीं, पर पुलिस के आने तक वे जा चुकी थीं।) लेकिन गाँव का अर्द्ध-सैनिक दल वहीं था, जिसमें सोमारी भी शामिल थी। पुलिस ने भोर के समय गोलियाँ चलानी शुरू कीं। उन्होंने दो लड़कों, सुकताल गवडे और कचरू गोटा को मार डाला। उन्होंने तीन दूसरे लोगों को पकड़ लिया दो लड़के, दूसरी सालम और रानाई और सोमारी। दूसरी और रानाई को बाँध कर गोली मार दी गयी। सोमारी को पीट-पीट कर अधमरा कर दिया गया। पुलिस ने ट्रेलर वाला एक ट्रैक्टर लिया और लाशें उसमें लाद दीं। सोमारी को लाशों के साथ बैठा कर नारायणपुर ले जाया गया।

मैं कॉमरेड दिलीप की माँ चमरी से मिली। कॉमरेड दिलीप को 6 जुलाई, 2009 को गोली मार दी गयी थी। वह कहती है कि उसे मारने के बाद पुलिस ने उसके बेटे के शव को एक

बहुत-सी युवतियाँ जिन्होंने बर्बरता देखी थी जनमुक्ति छापामार सेना में शामिल हो गईं। कॉमरेड रिंकी के बाल बहुत छोटे-छोटे कटे हैं। 'बाब कट' जैसा वे गोंडी में कहते हैं। वह उसके लिए साहस की बात है, क्योंकि यहाँ 'बाब कट' का मतलब है 'माओवादी'। पुलिस के लिए उसे बिना सुनवाई मार देने के लिए इतना काफी है।

सुखियाती, सुखदेई और सुक्कलि
1986 में पार्टी ने 'आदिवासी महिला संगठन' गठित किया, जो 'क्रान्तिकारी आदिवासी महिला संगठन' में विकसित हो गया और अब उसके बाकायदा 90,000 सदस्य हैं। क्या उनका 'सफ़ाया' कर दिया जायेगा?

बाँस से बाँध दिया, जानवर की तरह और उसे अपने साथ ले चले। उनके लिए शवों को पेश करना पड़ता है, अपना इनाम लेने के लिए, इससे पहले कि कोई और शिकार को ले भागे। चमरी पुलिस स्टेशन तक सारा रास्ता उनके पीछे दौड़ती गयी। जब तक वे पहुँचे, शव पर कपड़े के नाम पर चिथड़ा भी नहीं रह गया था। रास्ते में, चमरी कहती है, जब वे सड़क के किनारे के एक ढाबे पर चावल और बिस्कुट खाने के लिए रुके (जिसके दाम उन्होंने नहीं चुकाये) तो उन्होंने शव को सड़क के किनारे छोड़ दिया। पल भर के लिए इस माँ की कल्पना कीजिए, अपने बेटे के शव के पीछे-पीछे जंगल से होकर आती हुई, थोड़े फ़ासले पर रुकती हुई, ताकि उसके हत्यारे चाय पी लें। उन्होंने उसे अपने बेटे का शव वापस नहीं लेने दिया, ताकि वह सही ढंग से उसका क्रिया-कर्म कर सके। उन्होंने उसे बस उस गड्ढे में एक मुट्ठी मिट्टी फेंकने दी, जिसमें उन्होंने उस दिन मारे गये लोगों को गाड़ा था। चमरी कहती है उसे बदला चाहिए। *बदला कू बदला।* (ख़ून के बदले ख़ून)।

मैं मार्सकोला जनताना सरकार के चुने हुए सदस्यों से मिलती हूँ, जो छै गाँवों का प्रशासन चलाती है। उन्होंने पुलिस की एक दबिश बयान की : वे रात को आते हैं, 300, 400 कभी-कभी 1000 सिपाही। वे गाँव के गिर्द घेरा डाल देते हैं और छिप कर इन्तज़ार करते हैं। भोर के समय वे खेतों पर जाने वाले पहले-पहले लोगों को पकड़ लेते हैं और गाँव में घुसने के लिए उन्हें इन्सानी ढालों की तरह इस्तेमाल करते हैं ताकि वे उन्हें

बतायें कि 'बूबी ट्रैप' कहाँ हैं। ('आर-वी' की तरह 'बूबी ट्रैप' भी गोंडी शब्द बन गया है। हर आदमी मुस्कराता है, जब वह उसे कहता या सुनता है। जंगल 'बूबी ट्रैपों' से भरा हुआ है, कुछ असली, कुछ नक़ली। यहाँ तक कि जनमुक्ति छापामार सेना को भी जनसैनिकों की सहायता के बल पर गाँवों से होकर गुज़रना पड़ता है।) एक बार वे गाँव में घुसते हैं तो वे लूट-मार करते हैं और घरों को जलाते हैं। वे कुत्तों के साथ आते हैं। कुत्ते भागने की कोशिश करने वालों को पकड़ लेते हैं। वे मुर्ग़ियों और सुअरों को दौड़ाते हैं और पुलिस उन्हें मारकर बोरों में भर कर ले जाती है। विशेष पुलिस अधिकारी पुलिस के साथ आते हैं। उन्हें ही मालूम होता है कि लोग अपने पैसे और गहने कहाँ छिपाते हैं। वे लोगों को पकड़ते हैं और ले जाते हैं और उन्हें छोड़ने से पहले उनसे पैसे ऐंठते हैं। वे हमेशा कुछ अतिरिक्त नक्सल 'वर्दियाँ' अपने साथ लिये रहते हैं कि अगर वे मारने के लिए किसी को पायें तो इस्तेमाल कर सकें। उन्हें नक्सलवादियों को मारने के पैसे मिलते हैं, लिहाज़ा वे कुछ नक्सलियों को गढ़ लेते हैं। गाँव वाले इतने डरे हुए हैं कि घर में नहीं रहते।

इस शान्त नज़र आते वन में जीवन पूरी तरह फ़ौजी हो गया लगता है अब। लोग अब कॉर्डन और सर्च, फ़ाइरिंग, ऐडवान्स, रिट्रीट, डाउन, ऐक्शन जैसे शब्द जानते हैं। अपनी फ़सलें काटने के लिए उन्हें जनमुक्ति छापामार सेना की गश्त की ज़रूरत होती है। हाट जाना भी एक सैनिक अभियान है। हाट-बाज़ार मुख़बिरों से भरे होते हैं, जिन्हें पुलिस पैसे के बल पर

उनके गाँवों से लुभा कर ले आयी होती है। 1500 रुपये महीने पर, मुझे बताया जाता है। नारायणपुर में एक मुख़बिर मुहल्ला भी है, जहाँ कम-से-कम 4000 मुख़बिर रहते हैं। आदमी अब बाज़ार नहीं जा पाते। औरतें जाती हैं, लेकिन उन पर कड़ी निगरानी रखी जाती है कि वे नक्सलियों के लिए तो नहीं ख़रीद रही हैं। दवाख़ानों को निर्देश है कि वे लोगों को दवाइयाँ न ख़रीदने दें, सिवा बहुत छोटी-छोटी मात्राओं में। सरकारी राशन की दुकानों से कम दाम का राशन चीनी, चावल, मिट्टी का तेल पुलिस स्टेशनों में या उनके नज़दीक रखा जाता है, जिससे अधिकतर लोगों के लिए उसे ख़रीदना असम्भव हो जाता है।

जनसंहार के अपराध के निवारण और दण्ड पर राष्ट्र संघ के सम्मेलन की धारा-2 जनसंहार की परिभाषा इस प्रकार देती है :

नीचे दिये गये कृत्यों में से कोई एक जो किसी राष्ट्रीय, जातीय, नस्ली या धार्मिक समुदाय को समग्रतः या अंशतः नष्ट करने के इरादे से किया गया हो, यथा, समुदाय के सदस्यों की हत्या करना, समुदाय के सदस्यों को गम्भीर शारीरिक या मानसिक हानि पहुँचाना; जान-बूझ कर उस समूह पर ऐसी जीवनस्थितियाँ थोपना, जो पूरी तरह या अंशतः उसका शारीरिक नाश करने के उद्‌देश्य से थोपी गयी हों; ऐसे क़दम लागू करना जो समूह के भीतर प्रजनन को बाधित करें, (या) समूह के बच्चों को ज़बरदस्ती दूसरे समुदाय में स्थानान्तरित करना।

सारी पैदल चलाई ने, लगता है मुझे अपनी गिरफ़्त में ले लिया है। मैं थक गयी हूँ। कमला मुझे एक पतीला गर्म पानी ला देती है। मैं अँधेरे में एक पेड़ के पीछे नहाती हूँ। लेकिन मैं खाना नहीं खा सकती और सोने के लिए रेंग कर अपने स्लीपिंग बैग में घुस जाती हूँ। कॉमरेड राजू ऐलान करते हैं कि हमें चल देना है। निश्चय ही यह अक्सर होता है, लेकिन आज की रात मुश्किल है। हमने एक खुले मैदान में डेरा डाला हुआ था। हमने दूर से आती गोलीबारी की आवाज़ सुनी थी। हम 104 हैं। एक बार फिर अकेली क़तार बना कर रात में चलना। झींगुरों का स्वर। लैवेण्डर जैसी गन्ध वाली कोई चीज़। ग्यारह के बाद का समय रहा होगा, जब हम उस जगह पहुँचे जहाँ हम रात बितायेंगे। धरती से बाहर को निकली चट्टानों का सिलसिला। क़तारबन्दी। हाज़िरी। कोई रेडियो चालू कर देता है। बीबीसी कहता है कि लालगढ़, पश्चिम बंगाल में ईस्टर्न फ़्रण्टियर राइफ़ल्स के शिविर पर हमला हुआ है। मोटर साइकिलों पर 60 माओवादी। पुलिस के 14 सिपाही मारे गये। 10 लापता। हथियार छीने गये। क़तारों में ख़ुशी की बुदबुदाहट फैल जाती है। माओवादी नेता किशनजी का इण्टरव्यू चल रहा है। आप यह हिंसा छोड़कर बातचीत के लिए कब आयेंगे? जब ऑपरेशन ग्रीनहण्ट वापस ले लिया जायेगा। किसी भी समय। चिदम्बरम को बताइए हम बात करेंगे। अगला प्रश्न : अब अँधेरा है, आपने सुरंगें बिछायी हुई हैं, और सैनिक बुला लिये गये हैं, क्या आप उन पर भी हमला करेंगे? किशन जी : हाँ, निश्चय ही, वरना लोग मुझे मारेंगे। क़तारों में हँसी फूट

पड़ती है। स्पष्टीकरण देने वाले सुखदेव कहते हैं, ''वे हमेशा सुरंगें कहते हैं। हम सुरंगें नहीं बिछाते। हम आई.ई.डी. इस्तेमाल करते हैं।'

हज़ार सितारा होटल में एक और शानो-शौकत वाला सुविधा-सम्पन्न कमरा। मेरी तबियत ठीक नहीं लग रही। बारिश होने लगती है। हल्की-सी हँसी फूट पड़ती है। कमला एक झिल्ली मुझे ओढ़ा देती है। और मुझे क्या चाहिए? बाक़ी सब बस अपनी-अपनी झिल्ली में ख़ुद को लपेट लेते हैं।

अगली सुबह तक लालगढ़ में शवों की संख्या 21 हो गयी है। दस लापता।

इस सुबह कॉमरेड राजू में दूसरों का ख़याल है। हर शाम से पहले नहीं चलते।

■

एक रात लोग पतंगों की तरह रोशनी के एक चकत्ते को गिर्द जमा हैं। यह सोलर पैनेल से चालित कॉमरेड सुखदेव का नन्हा-सा कम्प्यूटर है और वे 'मदर इण्डिया' देख रहे हैं। उनकी राइफ़लों के काले कुन्दे आकाश में छायाकृतियों की तरह दिखते हुए। कमला की दिलचस्पी उसमें नहीं लगती। मैंने उससे पूछा कि क्या उसे फ़िल्में देखना पसन्द था। ''नहीं दीदी, सिर्फ़ ऐम्बुश वीडियो।'' बाद में मैंने कॉमरेड सुखदेव से घात लगा कर किये गये इन हमलों के विडियो के बारे में पूछा। बिना माथे पर शिकन लाये, वे मुझे एक विडियो दिखाते हैं।

वीडियो दण्डकारण्य के दृश्यों से शुरू होता है, नदियाँ, झरने, पेड़ की नंगी डाल का पास से लिया गया शॉट। टिटहरी

की आवाज़। फिर अचानक एक कॉमरेड एक आई.ई.डी. में तार लगा रहा है, सूखी पत्तियों में उसे छिपाता हुआ। मोटरसाइकिलों का एक काफ़िला उड़ा दिया जाता है। कटे-फटे शरीर हैं और जलती मोटरसाइकिलें। हथियार छीने जा रहे हैं। धक्के से सुन्न पुलिस के तीन सिपाही बाँध दिये गये हैं।

इसकी फ़िल्म कौन उतार रहा है? कौन कार्रवाई का संचालन कर रहा है? कौन पकड़े गये सिपाहियों को आश्वस्त कर रहा है कि वे अगर समर्पण कर दें तो उन्हें रिहा कर दिया जायेगा? (जो उन्होंने किया) मैं उस मुलायम, आश्वस्त करने वाली आवाज़ को पहचानती हूँ। वे कॉमरेड वेणु हैं।

"यह कुडूर ऐम्बुश है," कॉमरेड सुखदेव कहते हैं।

उनके पास जले हुए गाँवों, प्रत्यक्षदर्शियों और मृतकों के रिश्तेदारों की गवाहियों का एक वीडियो अभिलेखागार है। एक जले हुए घर की झुलसी दीवार पर लिखा है 'नगा-ा-ा! मारने के लिए जन्मा!' उस छोटे-से बच्चे की भी फ़िल्म है जिसकी उँगलियाँ ऑपरेशन ग्रीनहण्ट के बस्तर अध्याय का उद्घाटन करने के लिए काट दी गयी थीं। (मेरे साथ एक टीवी इण्टरव्यू भी है। मेरा पढ़ने-लिखने का कमरा। मेरी किताबें। अजीब।)

रात को रेडियो पर एक और नक्सली हमले की ख़बर है। इस बार जमुई बिहार में।

ख़बर में कहा गया है कि 125 माओवादियों ने एक गाँव पर हमला किया और कोरा जाति के दस आदिवासियों को बदले की कार्रवाई में मार दिया, क्योंकि उनके द्वारा पुलिस को दी गयी

जानकारी से छै माओवादियों की मृत्यु हो गयी थी। निश्चय ही हम जानते हैं कि मीडिया की रिपोर्ट सही हो भी सकती है, नहीं भी हो सकती। लेकिन अगर सच है तो यह अक्षम्य है। कॉमरेड राजू और सुखदेव स्पष्ट रूप से बेचैन नज़र आते हैं।

झारखण्ड और बिहार से जो ख़बरें आती रही हैं वे विचलित करने वाली हैं। फ्रान्सिस इन्दुवर नामक पुलिसवाले का सिर काटे जाने की नृशंस घटना की ख़बर अब भी लोगों के दिलो-दिमाग़ में ताज़ा है। यह इस बात की याद कराता है कि कितनी आसानी से हथियारबन्द संघर्ष का अनुशासन आपराधिक हिंसा की अराजक कार्रवाइयों में पतित हो सकता है या जातियों और समुदायों और धार्मिक सम्प्रदायों के बीच अस्मिता के घिनौने युद्धों में। अन्याय को संस्थाबद्ध करके, जैसा कि भारतीय राजतंत्र करता है, उसने इस देश को भारी असन्तोष का बारूदख़ाना बना दिया है। सरकार क़तई ग़लत है अगर वह सोचती है कि सी पी आई (माओवादी) को 'सिरविहीन' करने के लिए 'चिह्नित हत्याएँ' करके वह हिंसा को ख़त्म कर पायेगी। इसके विपरीत हिंसा फैल कर और तीव्र होगी और सरकार के पास बात करने के लिए कोई नहीं होगा।

■

मेरे आख़िरी दिनों के दौरान हम हरी-भरी, सुन्दर इन्द्रावती घाटी के बीच मँडराते हुए चलते हैं। एक पहाड़ी के साथ-साथ चलते हुए हमने नदी की दूसरी तरफ़ लोगों की एक और पंक्ति को

उसी दिशा में चलते देखा। मुझे बताया जाता है कि वे कुडूर गाँव में एक बाँध विरोधी सभा में भाग लेने के लिए जा रहे हैं। वे खुले में हैं और हथियारविहीन। घाटी के लिए एक स्थानीय जुलूस। मैं इधर का साथ छोड़कर उनसे जा मिली।

बोधघाट बाँध उस सारे इलाक़े को डुबा देगा, जिसमें हम कई दिनों से चलते रहे हैं। वह सारा वन, सारा इतिहास, सारे क़िस्से-कहानियाँ। सौ से ज़्यादा गाँव। तो यह योजना है क्या? लोगों को चूहों की तरह डुबो देना, ताकि लोहण्डीगुडा में सकल इस्पात कारख़ाना और केशकाल घाट में बॉक्साइट खदान और ऐल्यूमिनियम शोधन संयंत्र नदी को हथिया सकें?

सभा में लोग जो मीलों दूर से आये हैं, वही चीज़ें कहते हैं जो हम सब बरसों से सुनते आये हैं। हम डूब जायेंगे, पर हटेंगे नहीं। वे रोमांचित हैं कि दिल्ली से आया कोई उनके साथ है। मैं उनसे कहती हूँ कि दिल्ली एक क्रूर शहर है, जो न उन्हें जानता है, न परवाह करता है।

दण्डकारण्य आने के कुछ हफ़्ते पहले ही मैं गुजरात गयी थी। सरदार सरोवर बाँध अब कमोबेश अपनी पूरी ऊँचाई तक पहुँच चुका है। और लगभग हर चीज़ जिसकी भविष्यवाणी नर्मदा बचाओ आन्दोलन ने की थी कि होगी, घटित हुई है। विस्थापित लोगों का पुनर्वास नहीं हुआ, मगर यह कोई कहने की बात नहीं। नहरें नहीं बनी हैं। कोई पैसा नहीं है। इसलिए नर्मदा का पानी घुमाकर साबरमती के सूखे तल में ले जाया जा रहा है, उसमें बरसों पहले बाँध बन चुका था। ज़्यादातर पानी शहरों

और बड़े उद्योगों द्वारा हड़पा जा रहा है। उलटी धारा के प्रभाव बिना नदी के मुहाने में नमकीन पानी का घुस आना से मुक्ति पाना असम्भव होता जा रहा है।

एक समय था जब यह विश्वास करना कि बड़े बाँध 'आधुनिक भारत के मन्दिर हैं' भूल होते हुए भी समझा जा सकता था। लेकिन आज उस सबके बाद जो हो चुका है, और हम वह सब कुछ जानते हैं जो हमें मालूम हुआ है, यह कहना ही होगा कि बड़े बाँध मानवता के विरुद्ध अपराध हैं।

1984 में स्थानीय लोगों के विरोध के बाद बोधघाट बाँध ताक पर धर दिया गया था। अब उसे कौन रोकेगा? कौन उसकी आधार शिला रखे जाने से रोकेगा? कौन इन्द्रावती के चुराये जाने से बचायेगा? किसी को तो करना ही चाहिए।

आख़िरी रात को हमने उस ऊँची पहाड़ी की तलहटी में डेरा डाला, जिसे हमें सुबह चढ़ कर पार करना था ताकि हम उस सड़क पर आ जायें, जहाँ से एक मोटर साइकिल मुझे बिठा लेगी। जंगल तब से बदल गया है, जब मैं पहले-पहल उसमें दाख़िल हुई थी। चिरौंजी, सेमल और आम के पेड़ों में फूल आने लगे हैं।

कुडूर के गाँववाले ताज़ा पकड़ी मछली का एक विशाल देग़ शिविर पर भेजते हैं और मेरे लिए एक सूची उन 71 क़िस्म के फलों, सब्ज़ियों, दालों और कीड़ों की जो वे जंगल से प्राप्त करते हैं और अपने खेतों में उगाते हैं बाज़ार भाव के साथ। यह महज़ एक फ़ेहरिस्त है। मगर यह उनकी दुनिया का नक़्शा भी है।

जनताना सरकार द्वारा बनाया गया एक बाँध

बोधघाट बाँध उस सारे इलाक़े को डुबा देगा, जिसमें हम कई दिनों से चलते रहे हैं। वह सारा वन, सारा इतिहास, सारे क़िस्से-कहानियाँ। सौ से ज़्यादा गाँव।

जंगल डाक आती है। मेरे लिए दो बिस्कुट। कॉमरेड नर्मदा की ओर से एक कविता और एक दबाया हुआ फूल। मासे से एक प्यारा-सा पत्र। (कौन है वह? क्या मैं कभी जान पाऊँगी?)

कॉमरेड सुखदेव पूछते हैं कि क्या वे मेरे आई पॉड से संगीत अपने कम्पयूटर में डाउनलोड कर सकते हैं। हम ज़िया-उल-हक के शासनकाल में उत्पीड़न के चरम दिनों में लाहौर की मशहूर संगीत सभा में इक़बाल बानो द्वारा गायी गयी 'हम देखेंगे' की एक खरखराती रिकॉर्डिंग सुनते हैं :

जब अहल-ए-सफ़ा-मरदूद-ए-हरम
मसनद पे बिठाये जायेंगे
सब ताज उछाले जायेंगे
सब तख़्त गिराये जायेंगे
हम देखेंगे

उस पाकिस्तान में पचास हज़ार लोगों का चुनौती-भरा आलाप गूँजता है : *इनक़लाब ज़िन्दाबाद। इनक़लाब ज़िन्दाबाद।* इतने सारे बरसों बाद वह आलाप इस जंगल में गूँजता है। कितना अजीब है, कैसे-कैसे गँठजोड़ होते हैं।

गृहमंत्री उन लोगों को दबी-छिपी धमकियाँ जारी करते रहे हैं, जो 'भ्रमित होकर माओवादियों को बौद्धिक और भौतिक समर्थन दे रहे हैं।' क्या इक़बाल बानो की साझेदारी इसके दायरे में आती है।

भोर के वक़्त मैं कॉमरेड माधव और जूरी और छोटे मँगतू और बाक़ी सबसे विदा लेती हूँ। कॉमरेड चन्दू मोटर साइकिलों का बन्दोबस्त करने गया है और मेरे साथ वापस मुख्य सड़क तक आयेगा। कॉमरेड नीति (मोस्ट वॉण्टेड) और सुखदेव सहज ही लेकिन एक साथ अपनी एके-47 के सेफ़्टी कैच खोल लेते हैं। यह पहली बार है, जब मैंने उन्हें यह करते देखा है। हम 'सीमा' की ओर बढ़ रहे हैं। "क्या आपको पता है कि अगर हम पर गोलियाँ चलने लगे तो आपको क्या करना है?" सुखदेव इत्मीनान से पूछते हैं मानो यह दुनिया का सबसे स्वाभाविक प्रश्न हो।

"हाँ," मैंने कहा, "फ़ौरन अनिश्चित भूख हड़ताल की घोषणा करना।"

वे एक चट्टान पर बैठ गये और हँसने लगे। हम लगभग घण्टा भर चढ़ते रहे। सड़क के ठीक नीचे हम एक चट्टानी अलिन्द में बैठ गये, पूरी तरह छिपे हुए, किसी घात वाले दल की तरह, मोटर साइकिल की आवाज़ पर कान लगाये। जब वह आयेगी, विदाई जल्दी होनी चाहिए। लाल सलाम कॉमरेडो।

जब मैंने पीछे मुड़कर देखा, वे अब भी वहीं थे। हाथ हिलाते हुए। एक छोटा-सा समूह। ये लोग जो अपने सपनों के साथ जीते हैं, जबकि बाक़ी दुनिया अपने दुःस्वप्नों के साथ जीती है। हर रात मैं इस सफ़र के

बारे में सोचती हूँ। रात का वह आकाश, जंगल के मार्ग। मैं अपनी टॉर्च की रोशनी से आलोकित कॉमरेड कमला की घिसी चप्पलों में उसकी एड़ियाँ देखती हूँ। मैं जानती हूँ वह चल रही होगी। क़दम बढ़ाती हुई, सिर्फ़ अपने लिए नहीं, बल्कि हम सबके लिए उम्मीद को जिलाये रखने के लिए।

मार्च, 2010

संदर्भ

1. Trevor Selvam, 'India for Selective Assassination of its Own Citizens?" Countercurrents.org, 31 January, 2010, www.countercurrents. org/ selvam310110.htm.
2. Canary Trap, 'Karnataka Lok Ayukta Report on lIlegal Mining', 21 January 2010, http://canarytrap.in/201 0/01/21/karnataka-Iokayukta-report-on-illegal-mining/.
3. Man Mohan, 'College That Trains Cops to Take on Naxalites', Tribune Online (Chandigarh, India), 20 July, 2009, www.tribuneindia.com/2009/20090720/main8.htm.
4. Shoma Chaudhury, 'The Quiet Soldiers of Compassion', Tehelka, 23 August, 2008.
5. Press Trust of India, 'Naxalism Biggest Internal Security Challenge : PM', 13 April, 2006, www.hindustantimes.com/Naxalism-biggest-challenge -PM/Articlel-86531.aspx.
6. See the Ministry of Rural Development's draft report of the Committee on State Agrarian Relations and the Unfinished Task of Land Reform, Vol. 1 (March 2009), www.rd.ap.gov.in/IKPLand/MRD_Committee _Report_ V _01_Mar_09.pdf, and compare this with the final report, http://dolr.nic.in/Committee%20Report.doc.
7. See Frontline.21 October, 2005.
8. The Human Rights Forum (HRF) denies that Balagopal made such a press release.
9. See Judgement of the Supreme Court of India on Mohammad Afzal vs the State (NCT of Delhi), 4 August 2005.
10. Charu Mazumdar, 'Hate, Stamp and Smash Centrism', May 1970, in The Collected Works of Charu Mazumdar (Deshabrati Prakashani, publishing house of the Undivided C.P.1. [M-L], transcribed on the Marxist Internet Archive, www.marxists.org/reference/archive/ mazumdar/1970/05/x01.htm.

●●●